Zuckerfreies Backen

50 zuckerfreie Rezepte für eine zuckerfreie Ernährung - Backen ohne Zucker von herzhaft bis süß

Von Mario Baumann

1. Auflage

Inhaltsverzeichnis

Einleitung

Kuchen, Muffins, Torten und Brownies sind doch einfach so lecker – und so ungesund! Wirklich? Auch im Rahmen eines zuckerfreien Lebens ist es möglich und denkbar, ohne den schädlichen Stoff leckere Sachen zu backen. Von Süß bis herzhaft über saisonale Ideen für den Sommer, den Herbst oder Weihnachten gibt es viele Möglichkeiten, die in diesem Buch zu finden sind. Ausgesuchte vegane Backrezepte ergänzen die Sammlung und sorgen dafür, dass auch Veganer mit einem gesunden Lebensstil problemlos ohne Zucker backen können.

Darüber hinaus gibt es neben dem weißen oder braunen Haushaltszucker noch verschiedene weitere Zuckerarten oder wohl eher Süßungsmittel. Der Schwerpunkt liegt im folgenden Buch auf dem Einsatz der Süßungsmittel beim Backen. Denn damit das Gebäck auch mit Ahornsirup, Reissirup oder Kokosblütenzucker gelingt, müssen einige Dinge beachtet werden. Insgesamt ist es immer gut, so wenig Süßungsmittel wie möglich zu nutzen. Doch in kleinen Mengen sind die vorgestellten Zuckeralternativen durchaus gut geeignet. Diese bieten nämlich sogar Nährstoffe – etwas, was dem klassischen Haushaltszucker vollkommen fehlt. Diese zuckerfreien Backrezepte vereinfachen ein zuckerfreies Leben erheblich und sorgen dafür, dass der Genuss auch beim gesunden Leben gar nicht auf der Strecke bleibt.

Warum Zucker überhaupt so schädlich ist

Süßes Gebäck, Eis in allen möglichen Sorten und Schokolade liebt fast jeder! Der Mensch mag die Geschmacksrichtung „süß“ am allerliebsten. Deshalb lieben die meisten von uns die Lebensmittel, die Zucker enthalten, so sehr. Aber all diese süßen Leckereien haben zugleich auch einen nicht so guten Ruf. In den süßen Verführungen steckt nämlich meistens jede Menge Zucker. Und Zucker, das weiß schließlich jedes Kind, ist ungesund! Von klein an lernen wir das von unseren Eltern und allen anderen Erwachsenen. Aber die Versuchung ist doch so groß. Ein frisch gebackener, duftender Kuchen, cremige Schokolade und knallbunte Lollis. Wer kann da widerstehen?

Warum ist Zucker überhaupt „ungesund“?

Dass Zucker ungesund ist, prägt sich also schon früh bei uns ein. Überall liest man, dass man seinen Zuckerkonsum reduzieren sollte. Denn die meisten von uns in der sogenannten westlichen Welt essen davon viel zu viel. Was aber genau sorgt nun für den schlechten Ruf von Zucker? Weshalb ist das am meisten verbreitete Süßungsmittel so schädlich?

Das früher noch „weiße Gold“ genannte Süßungsmittel hat verschiedenste Auswirkungen auf den menschlichen Körper. Und leider sind diese keinesfalls positiv – im Gegenteil! Auch wenn wir das Gefühl haben, dass wir uns nach dem Verzehr von Schokolade oder Eis besser fühlen: Unser Körper freut sich sehr viel weniger über so viel Süßes als unsere Seele.

Vergiss nicht, dass Zucker nicht gleich Zucker ist. Hier geht es in erster Linie um den

Haushaltszucker und die Folgen, die er im menschlichen Körper nach sich zieht. In den meisten Fällen ist es nämlich dieser Kristallzucker, der für das Backen all der verschiedenen leckeren, süßen Versuchungen verwendet wird. Für ein gesünderes Backen ist es daher erst einmal wichtig, richtig zu verstehen, wie genau Zucker sich auf unseren Körper auswirkt. Dann ist es auch direkt viel klarer, warum der Konsum von Zucker reduziert werden sollte und warum Alternativen dazu so wichtig sind.

Hier erfährst du die wichtigsten Auswirkungen des Zuckerkonsums:

Müdigkeit und fehlende Energie

Ein übermäßiger Konsum dieses Zuckers ruft verschiedenste körperliche Symptome hervor. Zunächst einmal wäre da so eine unerklärliche Müdigkeit. Viele Menschen fühlen sich antriebslos oder ohne Energie. Das mag im ersten Moment verwundern. Denn viele von uns haben doch eher das Gefühl, nach dem

Verzehr von süßen Lebensmitteln voller Energie zu sein. Manchmal essen wir ja auch bewusst etwas Süßes, weil wir wissen, dass es unsere Müdigkeit vertreibt. Das ist doch eigentlich sehr praktisch, beispielsweise auf der Arbeit, wo wir nicht schlapp machen dürfen. Denn Zucker verschafft uns zwar eine Art Energiekick. Dieser hält jedoch nicht lange an und im Anschluss ist das Gefühl der Müdigkeit sogar noch schlimmer als zuvor.

Gewichtszunahme und Diabetes

Eine der bekanntesten Auswirkungen eines übertriebenen Konsums von Zucker ist die Gewichtszunahme. Schließlich verbieten so viele Diätpläne den Verzehr von Süßigkeiten jeglicher Art. Omas Kuchen oder ein Plunderteilchen vom Bäcker sind dann leider verboten! Der hohe Zuckeranteil dieser Leckereien ist mitverantwortlich für die Gewichtszunahme. Denn ein erhöhter Zuckerkonsum bringt das Hunger- und Sättigungssystem unseres Körpers durcheinander. So haben wir irgendwann ständig ein Gefühl von Hunger, obwohl der Körper eigentlich nicht schon wieder Nahrung benötigt. Dies führt dann schnell zu mehr Fettpölsterchen und ungewollten Kilos, im schlimmsten Fall sogar zu Übergewicht.

Eine weitere, schlimme Folge daraus kann dann zusätzlich noch die Entwicklung von Diabetes sein. Denn das Übergewicht ist die Hauptursache für Diabetes. Ganz davon abgesehen, dass Übergewicht noch weitere unschöne bis gefährliche Folgen für unseren Körper hat. Die Reduzierung von schädlichem Zucker beugt also Übergewicht vor und minimiert die Gefahr, an Diabetes Typ 2 zu erkranken.

Magen- und Darmprobleme durch Zucker

Verstopfung oder Durchfall durch Zucker? Das hast du vielleicht noch nicht so häufig gehört, ist aber leider die Wahrheit. Oftmals spielt nämlich unsere Verdauung verrückt, wenn wir regelmäßig zu viel Zucker konsumieren. Unsere

Darmflora verändert sich und es kann zu Durchfall oder Verstopfung, zu Völlegefühl und zu Blähungen kommen. Nicht zuletzt sorgt viel Zucker sogar dafür, dass Bakterien und Pilze gerade im Darm wachsen und kaum noch einzudämmen sind. Diese sorgen dann erst recht dafür, dass du dich unwohl fühlst und häufig mit Magen- und Darmproblemen zu kämpfen hast.

Die Reaktion der Haut: Pickel und Falten

Sogar die Haut kann einen übermäßigen Konsum von Zucker widerspiegeln. Denn durch zu viel Zucker wird die Haut auch anfälliger für Akne und Entzündungen. Vielleicht kennst du das Problem ja selbst: Plötzlich viele Pickel im Gesicht zu haben, ist beispielsweise auch häufig die Folge von zu viel Naschen. Denn zu viel Zucker in unserem Körper führt zu einem Insulinanstieg. Dadurch wird unter anderem die Aktivität der Talgdrüsen in der Haut erhöht. Und dies beschleunigt letztendlich entzündliche Prozesse ebenso wie die Bildung von Akne und Hautunreinheiten. Übrigens konnte nachgewiesen werden, dass zu viel Zucker schneller zu der Bildung von Falten führt. Wenn du also eine Verschlechterung deines Hautbildes feststellst, könnte das an der Aufnahme von zu viel Zucker liegen.

Gefahr für die Zähne durch Karies

Wenn wir als Kinder gefragt haben, warum wir denn nichts Süßes essen sollen, war die häufigste Antwort wahrscheinlich diese: „Zucker macht deine Zähne kaputt!“ Diese Antwort ist vielen Menschen noch aus der Kindheit im Gedächtnis geblieben. Unsere Eltern hatten recht: Nicht umsonst wird Karies als der Klassiker unter den von Zucker bedingten Krankheiten bezeichnet. Die Bakterien in unserem Mund wandeln den Zucker nämlich um. Und zwar in eine Säure, die den Zahnschmelz angreift, indem sie ihn entmineralisiert. Sobald der Schmelz porös wird, können bestimmte Mikroorganismen in den Zahn eindringen und diesen von innen heraus zerstören. Klingt nicht mehr so lecker, oder?

Schwächung des Immunsystems

Zucker wird außerdem dafür verantwortlich gemacht, die Immunfunktionen des Körpers zu schwächen. So können verschiedene Krankheitserreger schlechter bekämpft werden und der Körper wird anfälliger gegenüber Infektionskrankheiten. Ein schwaches Immunsystem wiederum ist dann mitverantwortlich für verschiedene schwerwiegende Krankheiten. Selbst die häufigeren Erkältungen können also eine Folge von einer ungesunden Lebensweise mit zu viel Zucker. Die klassischen Kuchen- und Plunderstücke vom Bäcker und andere, köstliche Backwaren, machen somit viel kaputt. Nicht zuletzt ist also auch das Immunsystem davon betroffen.

Viele weitere negative Auswirkungen von Zucker

Neben den bereits erwähnten schädlichen Folgen des Zuckerkonsums auf unseren Körper gibt es noch viele weitere Auswirkungen. Diese reichen vom schädlichen Einfluss des Zuckers auf den Hormonhaushalt über Nervosität bis hin zu Konzentrations- sowie Schlafstörungen. Sogar Depressionen und Angstzustände soll Zuckerkonsum in einigen Fällen auslösen. Was also auf jeden Fall deutlich geworden ist: Am besten wäre es, wenn du deine Finger von Zucker lässt. Die gesundheitlichen Folgen sind durch den Zuckerkonsum alles andere als positiv und wirklich weitreichend. Darüber hinaus macht Zucker auch noch süchtig, wie du im folgenden Abschnitt erfährst.

Zucker hat Suchtpotenzial

Um dir noch eindringlicher zu verdeutlichen, wie wichtig es ist, den Zuckerkonsum so weit wie nur möglich herunterzufahren, hier noch ein Fakt: Zucker kann süchtig machen! Falls du schon einmal versucht haben solltest, auf Zucker zu verzichten, hast du es am eigenen Leib erfahren. Wenn du zu den Menschen gehörst, die regelmäßig große Mengen an Zucker zu sich nehmen, wirst du tatsächlich eine Art von Entzug durchmachen. Inklusive wirklich unschöner Entzugserscheinungen, die beispielsweise auch bei einem Rauchstopp oder beim Entzug von Drogen auftreten. Diese wären beispielsweise neben dem starken Verlangen nach Süßem auch Kopfschmerzen und eine starke Reizbarkeit.

Zwar ist es in der Wissenschaft umstritten, ob man wirklich von einer Zuckersucht sprechen kann. Doch dass ein hoher Verzehr von Zucker ein suchtähnliches Verhalten auslösen kann, steht außer Frage. Denn Nahrungsmittel, die sehr viel Zucker enthalten, aktivieren das Belohnungssystem, ähnlich wie beim Konsum von beispielsweise Alkohol. Dabei schüttet das Gehirn nämlich vermehrt Dopamin aus, das uns Glücksgefühle beschert. Genau an dieser Stelle beginnt dann die Sucht und das Verlangen nach diesem rauschartigen Zustand.

Du siehst also, Zucker ist oftmals der Anfang einer langen Kette von schädlichen Auswirkungen auf den Körper. Und es kann dich sogar abhängig machen. Wenn du es also schaffst, deinen Zuckerkonsum einzuschränken oder sogar ganz auf Zucker zu verzichten, werden es dir dein Körper, deine Gesundheit und dein Wohlbefinden danken! Wie du das schaffst und in Zukunft auch ganz ohne Zucker backen kannst, erfährst du weiter unten.

Verschiedene Zuckerarten und ihre Wirkung

Wie du sicher schon weißt, ist Zucker nicht gleich Zucker. Es gibt nämlich ganz verschiedene Zuckerarten, von denen einige nur in bestimmten Lebensmitteln natürlich vorkommen. Lactose, Fructose und Glucose kennen wir alle vom Namen her und wissen vielleicht sogar ungefähr, in welchen Nahrungsmitteln sie sich befinden. Hier findest du eine Aufzählung der unterschiedlichen Arten von Zucker. Außerdem werde ich dir kurz erklären, welche Auswirkungen ihre Aufnahme auf unseren Körper hat. Vorab sei gesagt: Alle Zuckerarten haben den gleichen Kaloriengehalt! Nämlich rund 400 Kilokalorien pro 100 Gramm.

Weißer und brauner Zucker

Wenn du an verschiedene Arten von Zucker denkst, dann fallen dir wahrscheinlich zuerst die äußerlich unterschiedlichen Sorten ein: der weiße und der braune Zucker. Dabei sind die beiden gar nicht so unterschiedlich, wie es auf den ersten Blick noch aussehen mag. Denn brauner Zucker ist der noch nicht raffinierte Rüben- oder Rohrzucker, das heißt er ist noch nicht von den anhaftenden Sirup-Resten befreit worden. Das ist der Grund für seine braune Farbe und auch das leicht abweichende Aroma. Durch wiederholtes Aufreinigen wird der Zucker dann weiß, sodass man braunen Zucker auch als eine Art Zwischenprodukt bezeichnen könnte.

Wie auch der weiße Zucker besteht der braune Zucker fast vollständig aus Saccharose, enthält aber noch ein paar wenige Mineralstoffe und Vitamine, die sein weißes Pendant nicht mehr vorweist. Aber Achtung: Manchmal wird weißer Zucker nachträglich mit Sirup versetzt und erhält dadurch seine „Bräune“.

Weitere Zuckerarten: Mono-, Di- und Polysaccharide

Wenn man die verschiedenen Zuckerarten chemisch betrachtet, kann man sie in Einfachzucker (Monosaccharide), Zweifachzucker (Disaccharide) und Mehrfachzucker (Polysaccharide) unterteilen. Die letzteren schmecken übrigens sehr viel weniger süß als die Mono- und Disaccharide und werden als Stärke bezeichnet; Glucose und Laktose schmecken weniger süß als Saccharose und Fructose. Zwei- und Mehrfachzucker werden im Körper dann mithilfe bestimmter Enzyme in Einfachzucker aufgespalten.

Monosaccharide und Polysaccharide

Hierbei handelt es sich um Glucose (Traubenzucker) und um Fructose (Fruchtzucker). Es geht also nur um eine Zuckerart. Bei Polysacchariden handelt es sich um Stärke, Zellulose und Chitin. Interessant sind an dieser Stelle aber Disaccharide.

Disaccharide

Disaccharide bestehen aus zwei Monosaccharid-Molekülen. Beispiele sind hier Saccharose, der bekannteste Zucker. Das ist der gewöhnliche Haushaltszucker, der zumeist beim Backen verwendet wird. Dabei handelt es sich um einen Zweifachzucker, der sich chemisch gesehen aus Glucose und Fructose zusammensetzt. Lactose, also Milchzucker, besteht aus der Verbindung von Glucose und Galactose (Schleimzucker).

Auswirkungen der Zuckerarten auf den Körper

Die verschiedenen Zuckerarten haben auch eine unterschiedliche Wirkung auf unseren Körper. Generell gelangt Zucker nach seiner Aufnahme sehr schnell in unser Blut, sodass unser Blutzuckerspiegel extrem schnell ansteigt. Die Bauchspeicheldrüse beginnt, große Mengen des Hormons Insulin zu produzieren. Dieses soll den Zucker wieder aus dem Blut entfernen, indem es ihn auf unsere Körperzellen sowie Organe verteilt. So erhalten wir Energie, aber zugleich wird unsere Bauchspeicheldrüse bei einem hohen Verzehr von Zucker stark belastet. Ein übermäßiger Zuckerkonsum führt zu einem chronisch erhöhten Insulinspiegel, was wiederum viele negative Auswirkungen auf unseren Körper hat.

Wirkt denn jede Zuckerart also auf die gleiche Weise?

Nein! Denn die Zuckerarten haben einen unterschiedlichen Einfluss auf den Blutzuckerspiegel: Stärkehaltige Lebensmittel werden langsam in Einfachzucker aufgespalten. Dadurch fährt der Insulinspiegel nicht mehr Achterbahn, sondern bleibt konstant. Saccharose bewirkt einen geringeren Blutzuckeranstieg als Glucose, die den Blutzucker am schnellsten erhöht. Fructose lässt den Blutzuckerspiegel im Vergleich zu Glucose auch weniger stark ansteigen. Du siehst also, dass je nach Zuckerart nicht nur die Süße variiert, sondern auch der Blutzuckerspiegel unterschiedlich schnell ansteigt und entsprechende Auswirkungen auf den Körper hat. Allgemein gilt: Je weniger Zucker wir zu uns nehmen, desto besser geht es unserem Körper.

Gute Zuckeralternativen beim Backen

Wenn du ans Backen denkst, assoziierst du damit bestimmt automatisch Zucker. Vielleicht kannst du dir sogar kaum vorstellen, wie etwas Leckeres ohne Zucker überhaupt entstehen soll und kann. Mit den richtigen Alternativen kannst du aber sogar noch Vitamine und Mineralstoffe zu dir nehmen!

Die Umstellung geht auch ganz einfach. Ganz wichtig ist bei Backrezepten und der Verwendung von Alternativen aber, dass ein flüssiges Süßungsmittel die Konsistenz beeinflusst. Durch die zusätzliche Feuchtigkeit, solltest du alle anderen Flüssigkeiten im Rezept um etwa 10% reduzieren. Dadurch verhinderst du, dass das Gebäck zu schwer wird und sorgst stattdessen für ein lockeres, weiches Ergebnis. Es ist also bei der Nutzung von Zuckeralternativen sehr wichtig, diese nicht einfach 1:1 auszutauschen. Darüber hinaus kommt in den hier genannten Rezepten natürlich schon das richtige Verhältnis vor, sodass du nicht mehr Umrechnen musst.

Kokosblütenzucker

Kokosblütenzucker ist dir trotz der zunehmenden Beliebtheit vielleicht nicht sofort ein Begriff. Dabei ist dieser Zucker genauso exotisch wie er nährstoffreich ist. Die Knospen der Blüten der Kokospalmen enthalten einen Saft, der auch als Kokosnektar bekannt ist. Um nun Zucker aus dem Nektar zu gewinnen, wird der Saft verdampft oder aufgekocht. Kokosblütenzucker ist nichts anderes als die daraus entstandenen Zuckerkristalle. Das gelingt vielleicht im ersten Moment nicht so überzeugend, doch Kokosblütenzucker weist tatsächlich einige Vorteile auf.

Einer seiner überzeugendsten Vorteile ist sein niedriger GI (Glykämischer Index). Kokosblütenzucker hat einen GI von nur 35. Im Vergleicht dazu hat herkömmlicher Haushaltszucker einen Wert von 70. Kokosblütenzucker sorgt damit für einen deutlich langsameren Anstieg des Blutzuckerspiegels. Dadurch wird auch weniger

Insulin ausgeschüttet, wodurch wiederum kein Fall des Blutzuckerwertes aufs Minimum entsteht – Und dementsprechend auch kein schnelles Hungergefühl und Heißhunger Attacken. Im Endeffekt sättigt Kokosblütenzucker länger und ist auch ausgezeichnet für Diabetiker geeignet.

Ein weiterer Bonus ist sein Reichtum an Mineralstoffen. Kokosblütenzucker beinhaltet Kalium, Magnesium, Eisen, Zink, Bor, Schwefel und Kupfer. Im Vergleich dazu hat Haushaltszucker so gut wie nichts als leere Kalorien zu bieten.

So exotisch Kokosblütenzucker auch klingt, ist er dennoch sehr einfach zu verwenden. Du erhältst Ihn ganz normal als kristallisierten Zucker im Geschäft und kannst Ihn genauso einsetzen wie braunen Zucker. Das Verhältnis ist dabei 1:1. Du musst Rezepte in diesem also nicht einmal abwandeln. Kokosblütenzucker hat eine braune oder goldene Farbe und schmeckt leicht nach Karamell. Ein Geschmack nach Kokos ist trotz des Namens und der Herkunft aber nicht vorhanden.

Kokosblütensirup

Kokosnussblütensirup wird sehr ähnlich gewonnen wie Kokosblütenzucker. Auch hier wird die Palmblüte geöffnet, damit der Nektar austreten kann. Der einzige Unterschied ist, dass die Flüssigkeit nicht völlig verkocht oder verdampft wird. Viel mehr wird der Kokosblütennektar bei 60° Grad eingedampft. Es geht nur so viel Flüssigkeit verloren, bis ein dicker Sirup entsteht.

Genau wie seine kristallisierte Variante hat Kokosblütensirup einen sehr niedrigen glykämischen Wert von nur 35. Selbstverständlich sind auch hier alle Mineralstoffe und Vitamine vorhanden. Der Sirup hat daher alle Vorteile, die auch Kokosblütenzucker vorweist.

Vor allem in Rezepten, die ein flüssiges Süßungsmittel vorsehen, ist Kokosnussblütensirup eine gesündere Alternative als zum Beispiel Honig, Agavensirup, oder einfachem Zuckersirup. Er ist daher gut denkbar als Zusatz zum Salatdressing, Nachspeisen, oder Pfannkuchen.

Reissirup

Reissirup hat seinen Ursprung und seine Tradition in Japan. Dort wird er schon so lange verwendet, dass er einer der ältesten Süßungsmittel überhaupt ist. Viele kennen ihn auch unter dem Namen „Reishonig", da er eine ähnliche Farbe und Süße hat. Die Gewinnung des Reishonigs erfolgt durch Verarbeitung von Vollkornreis.

Dieser wird zu Reismehl gemahlen und zusammen mit Wasser erwärmt. Die Zugabe von natürlichen Enzymen sorgt dafür, dass die Stärke im Reis aufgespalten wird und Zuckerstoffe austreten. Das Wasser, mittlerweile enorm süß, wird gefiltert und dann im Anschluss zu einem Sirup eingedickt. Ebenso wie Vollkornreis selbst enthält auch der gewonnene Reissirup Mineralstoffe wie Kalium, Magnesium, Phosphor, Eisen und Calcium. Besonders interessant ist Reissirup für Menschen mit einer Fructoseintoleranz, die aktuell immer häufiger auftritt.

Reissirup ist nämlich frei von Fructose und darum eine wunderbare Alternative. Weitere Unverträglichkeiten, denen Reissirup nicht im Wege steht, sind: Sorbitintoleranz, Glutenunverträglichkeit, eine Histamin Unverträglichkeit und die sehr verbreitete Laktoseintoleranz. Reissirup ist ein wenig weniger süß, als normaler Zucker oder Honig. Im Geschmack erinnert er leicht an Karamell. Beim Backen kannst du ihn dennoch 1:1 ersetzen, also kannst du 100g Reissirup statt 100g Zucker nehmen. Wenn du aber starke Süße bevorzugst, sollten es etwa 120g Reissirup statt 100g Zucker sein. Allerdings ist das nicht unbedingt zu empfehlen, da dass Ziel eines zuckerfreien Lebens ja der geringere Zuckeranteil im Alltag sein soll.

Dattelsirup

Wer Datteln kennt weiß, wie süß diese Frucht ist. Darum eignen sich gemahlene, pürierte oder zu Sirup verarbeitete Datteln hervorragend, um Speisen und Gebäck zu Süßen. Nicht umsonst enthalten so viele gesündere Backrezepte auch zu Mus pürierte Datteln, die dann ganz einfach ein Süßungsmittel ersetzen können.

Abgesehen von Kalzium und Kalium enthalten Datteln auch viel Vitamin C, Ballaststoffe und Wasser. Allein deshalb ist dies schon ein gesünderes Süßungsmittel als Zucker. Besonders hervorzuheben ist aber, dass Dattelsirup sogar medizinische Eigenschaften besitzt. Forscher haben schon vor einiger Zeit entdeckt, dass Dattelsirup nämlich ganz ähnlich wie ein Antibiotikum gegen Bakterien wirkt und deren Wachstum hemmt. Da Dattelsirup sogar süßer als Zucker ist, solltest du die Rezepte entsprechend anpassen. Verwende nur 2/3 der angegebenen Menge Zucker. Ein Beispiel wären dann rund 65 Gramm Dattelsirup anstelle von 100 Gramm Zucker.

Tipp: Dattelsirup ist im Handel erhältlich, aber günstiger selbst herzustellen:

- Weiche dazu entsteinte Datteln für mindestens zwei Stunden oder über Nacht in Wasser ein.
- Gebe die aufgeweichten Datteln nun mit etwas Wasser in einen hochleistungsfähigen Mixer. Füge nach und nach nur so viel Wasser hinzu, bis ein dicklicher Sirup entsteht.
- Im Kühlschrank bleibt der Sirup etwa eine Woche lang genießbar.

Ahornsirup

Ahornsirup wird aus dem Ahornbaum gewonnen, der in Kanada heimisch ist. Ein Loch, direkt in den Baumstamm gebohrt, gibt einen süßen Saft frei. Dieser wird lediglich eingedickt und damit zu Ahornsirup. Du merkst also: Ahornsirup ist wirklich naturbelassen und ihm wird nichts beigefügt.

Je nachdem, wie alt ein Baum ist und wann geerntet wird, entsteht Ahornsirup in verschiedenen Graden (A-C). Grad A gilt als der hochwertigste Sirup mit dem mildesten Geschmack und Aroma. Grad B und C sind dunkler und kräftiger in der Farbe. Welcher Grad am besten schmeckt, hängt aber wirklich vom eigenen Geschmack ab.

Empfehlenswert ist es aber, Ahornsirup in Bio-Qualität zu kaufen. Achte darauf, dass in den Zutaten nichts als „purer“ oder „reiner“ Ahornsirup steht. Günstige Produkte können nämlich unter Umständen ihr Ahornsirup mit Zuckersirup strecken. Das wäre ja dann genau das Gegenteil vom gewünschten Verzicht auf normalen Zucker.

Der GI von Ahornsirup liegt bei 45, also etwas höher als beim Kokosblütenzucker, aber dennoch deutlich niedriger als Haushaltszucker. Ahornsirup ist auch noch richtig gesund, denn er enthält viele Vitamine und Mineralstoffe. Dazu zählen Mangan, Vitamin B, Zink, Magnesium, Kalzium und Eisen. Vor allem Zink enthält sehr viele Antioxidantien, stärkt Haut, Haar und das Immunsystem. Etwa 60 ml Ahornsirup decken bereits 41% des täglichen Bedarfs an Zink ab. Dennoch ist natürlich ein Genuss in kleinen Mengen zu empfehlen, da ja immer noch Zucker enthalten ist. Die gleiche Menge Ahornsirup deckt übrigens sogar 100% des täglichen Bedarfs an Mangan ab. Mangan braucht der Körper unter anderem für den Aufbau von Knochen, gesundes Bindegewebe und Bildung verschiedener Hormone.

Ähnlich wie Dattelsirup ist auch Ahornsirup süßer als Zucker. Als Faustregel kannst du ¾ der angegebenen Zuckermenge mit Ahornsirup ersetzen, also 75gr Ahornsirup statt 100g Zucker.

Weniger gute Alternativen zum Haushaltszucker

Falls du von den oben genannten Alternativen zum herkömmlichen Zucker noch nichts gehört hattest, sagen dir aber bestimmt einige der folgenden Süßungsmittel etwas. Denn hier stelle ich dir kurz weitere Möglichkeiten vor, mit denen sich deine Backkreationen süßen lassen. Diese sind allerdings nicht so empfehlenswert wie die oben genannten. Greife daher zuerst auf die zuvor genannten Süßungsmittel zu, dann erst auf die folgenden Möglichkeiten und im letzten Schritt auf klassischen Zucker.

Synthetische Süßstoffe

Es gibt verschiedenste synthetische Süßstoffe, zum Beispiel Aspartam, Acesulfam und Sacharin. Gegenüber Zucker haben sie oftmals den Vorteil, dass sie keine Karies verursachen und fast keine Kalorien enthalten. Allerdings gibt es Studien, die besagen, dass man von ihnen eher zunimmt als von Zucker. Denn Süßstoffe senden keine Sättigungssignale an unseren Körper. Einigen dieser Stoffe werden noch weitaus schlimmere Folgen zugeschrieben wie die Förderung von Krebs im Körper. Diese künstlich hergestellten Süßungsmittel werden hier nicht näher vorgestellt, da sie mit einer natürlichen Süße praktisch nichts mehr zu tun haben.

Xylit und Erythrit

Erythrit ist ein Zuckeraustauschstoff und enthält keine Kalorien. Dabei hat er nur einen geringen Einfluss auf Blutzucker- und Insulinspiegel. Erythrit entsteht durch Fermentation von Glucose und ist in der Regel aus Weizen oder Mais. Es besitzt nur ca. 70 Prozent der Süßkraft von Zucker, wird von den meisten Menschen jedoch besser vertragen als Xylit. Xylit ist besonders aufgrund seiner Eigenschaft bekannt, eine positive Wirkung auf unsere Zahngesundheit zu besitzen. Xylit – auch bekannt als Birkenzucker - schmeckt fast wie der bekannte raffinierte Zucker und verfügt auch über eine nahezu identische Süßkraft.

Einige Menschen leiden, zumindest zu Beginn, unter Durchfall oder Blähungen, so dass man besser den Körper langsam daran gewöhnen sollte. Aber ACHTUNG: Xylit darf auf keinen Fall an Haustiere verfüttert werden, da bereits der Konsum kleiner Mengen tödlich sein kann. Obwohl die Zutaten für Xylit und Erythrit aus Pflanzen gewonnen werden, handelt es sich keinesfalls um natürliche Produkte. Sie sind hoch raffiniert und werden industriell hergestellt. Diese beiden Zuckeralkohole wirken bei zu hohem Verzehr abführend und können zu Blähungen führen.

Beide Süßstoffe können genau wie Zucker

verwendet werden. Sie sind hitzebeständig und eignen sich deshalb eigentlich für das Backen. Allerdings muss man bei der Dosierung umrechnen. Und in Hefeteig muss man für das Gelingen beim Backen zusätzlich Zucker hinzugeben, was die Vorteile zumindest beim Backen wieder zunichtemacht. Erythrit neigt zudem beim Auskühlen eines Rührteigs zum Kristallisieren, sodass es zu leichtem Knirschen kommen kann. Wirklich gesund sind diese chemisch hergestellten Süßungsmittel daher auch nicht.

Süßes aus der Natur

Was aus der Natur kommt, kann nur gesund sein? Bestimmte Süßstoffe finden wir in der Natur vor und glauben gerne, dass sie gesünder sind als chemisch produzierte Zuckeralternativen. Doch ist das tatsächlich so? Ein kleiner Blick auf die Süßungsmittel aus der Natur, die nicht wirklich empfehlenswert sind.

Agavendicksaft

Agavendicksaft wird gerne von Veganern als Alternative zu Honig verwendet. Da der Saft unraffiniert ist, enthält er einen höheren Gehalt an Mineralstoffen und Spurenelementen. Allerdings müsstest du literweise Agavendicksaft trinken, um von diesen zu profitieren - und das wiederum führt logischerweise zu gesundheitlichen Nachteilen.

Der Saft besteht zu mehr als der Hälfte aus Fruchtzucker, das nicht direkt ins Blut gelangt, sondern in der Leber verarbeitet wird, was zur Entstehung einer Fettleber führen kann.

Abgesehen davon eignet sich Agavendicksaft nicht so gut zum Backen: Sein hoher Fructose-Gehalt führt zu einer intensiven Bräunung, und Teige erhalten weniger Standfestigkeit als beim Einsatz von Haushaltszucker. Nicht zuletzt vertragen viele Menschen Fruchtzucker gar nicht gut und so kommt es dann häufig zu heftigen Magen- und Darm-Problemen.

Honig

Selbst mit Honig, der oftmals als gesunde Alternative zu Zucker angesehen wird, kann man nicht wirklich gesünder süßen. Er soll wie Agavendicksaft gesunde Inhaltsstoffe wie Aminosäuren, Vitamine und Proteine besitzen. Allerdings werden diese durch das Backen bei hohen Temperaturen zerstört. Ebenso wie beim Agavendicksaft lässt der hohe Gehalt an Fruchtzucker im Honig das Gebäck schneller bräunen. Die in Rezepten angegebenen Backtemperaturen und -zeiten gelten dann nicht mehr.

Stevia

Die Süßkraft von aus Pflanzenblättern gewonnenem Stevia ist beeindruckend: Sie ist nämlich mindestens 300 Mal höher als die von Haushaltszucker! Und noch dazu ist Stevia kalorienfrei und für Diabetiker ein guter Zuckerersatz. Zum Backen eignet sich dieser pflanzliche Süßstoff aufgrund seines geringeren Volumens nur bedingt. Außerdem gelingt die Extraktion dieses weißen Pulvers aus den Blättern nur mit viel Chemie, ist also nicht das rein pflanzliche Süßungsmittel, als dass es so gerne bezeichnet wird. Von dem wirklich eigenartigen Geschmack einmal abgesehen – wenn du das erste Mal Stevia benutzt hast, erinnerst du dich schnell an diesen Geschmack.

Puddingpulver und Co sinnvoll ersetzen

In vielen Rezepten kommen Zutaten wie Gelatine, Puddingpulver und viele weitere Optionen vor, die nicht wirklich gesund sind. Hier eine kleine Liste der gängigen Zutaten, die du besser nicht mehr verwenden solltest:

Hefeteig ohne Zucker

Das ist möglich und sehr leicht umsetzbar. Weniger gesundes Erythrit, etwas Ahornsirup oder Kokosblütenzucker sorgen dafür, dass die Hefe trotzdem geht. Der sonst als obligatorisch angegebene Zucker ist daher nicht unbedingt nötig.

Backpulver

Anstelle von dem normalen Backpulver kannst du Weinstein-Backpulver verwenden. Dieses enthält kein Phosphat und stellt damit die bessere Lösung in der gesunden Küche dar.

Gelatine

Deutlich besser und gesünder ist pflanzliches Agar-Agar in Pulverform. Allerdings geliert die pflanzliche Option nur, wenn sie mit etwas Flüssigkeit kurz aufgekocht wird.

Puddingpulver

Oftmals kommt Puddingpulver in Rezepten vor – dieses enthält aber wirklich viel Zucker. Ersetze einfach die angegebene Menge durch Speisestärke oder noch besser, durch Johannisbrotkernmehl (siehe den folgenden Punkt).

Stärke

Statt Speisestärke kannst du gesünderes Johannisbrotkernmehl nutzen. Dieses entfaltet seine bindende Wirkung übrigens auch in kalten Speisen und benötigt keine Hitze, wie es bei normaler Stärke der Fall ist.

Weizenmehl

Du kannst Vollkornmehl verwenden oder steigst auf Dinkelmehl um – diese Option ist in jedem Fall gesünder. Kamut ist ebenfalls eine Alternative und wenn du Haferflocken zu Mehl verarbeitest, erhältst du ebenfalls eine gesündere Option. Aus diesem Grund enthalten viele gesunde Rezepte auch Haferflocken und Dinkelmehl statt Weizenmehl.

Eischnee für Veganer

Als Veganer sind viele Dinge nicht umsetzbar? Veganer Eischnee entsteht einfach, indem du das Einweichwasser von Kichererbsen lange mit dem Handrührgerät schlägst. Diese Alternative kannst du dann wie klassischen Eischnee einsetzen.

Kleingebäck: Brownies, Muffins und mehr

Saftige Brownies mit geheimer Zutat

Zutaten

• 2 Dosen schwarze Bohnen (Abtropfgewicht je ca. 250g)

• 3 Esslöffel Kakaopulver

• 40 Gramm feine Haferflocken

• ¼ Teelöffel Meersalz

• 80 Gramm Ahornsirup

• 2 Esslöffel Kokosblütenzucker

• 50 ml vegane, ungesüßte Milch (Mandelmilch, Hafermilch, Sojamilch, Dinkelmilch)

• 2 Esslöffel Mandelmus oder Erdnussbutter

• ½ Teelöffel Weinsteinbackpulver

• Optional: 50 Gramm100% Kakao Schokolade, gehackt

Zubereitung

1. Heize den Ofen auf 175 Grad vor.

2. Gebe die Bohnen jetzt in ein Sieb und spüle sie gründlich mit Wasser ab.

3. Jetzt kommen die Bohnen, sowie alle weiteren Zutaten in einen Mixer oder in Küchenmaschine. Eine Küchenmaschine sorgt für eine bessere Konsistenz, ein Mixer funktioniert aber auch gut. Mixe alles gut durch, bis am Ende eine dicke und trotzdem noch gießbare Masse entsteht. Einige kleinere Stückchen dürfen aber schon noch vorhanden sein.

4. Wenn du die Schokolade verwenden möchtest, hacke diese sehr klein und fügen Sie sie der Masse hinzu.

5. Fette eine quadratische 20 x 20 cm Form oder eine kleine Auflaufform ein. Jetzt kommt der Teig in die Form und die Brownies werden für ca. 15-18 Minuten gebacken. Zu diesem Zeitpunkt werden die Brownies noch sehr weich und leicht roh in der Mitte erscheinen. Mit dem Abkühlen, werden Sie jedoch fester.

Tipp

Serviere die Brownies erst unkommentiert. Die geheime Zutat schon vorher zu verraten, schreckt teilweise ab und meistens schmecken die Brownies den Gästen richtig gut – wenn sie ohne Skepsis probieren.

Nussige rohe Brownies

Zutaten für den Teig

- 100 Gramm Mandeln, gemahlen
- 80 Gramm Datteln
- 80 Gramm Kokosraspeln
- 20 Gramm Chiasamen
- 50 Gramm Kakao, zuckerfrei
- 30 Gramm Kokosöl
- 1 TL Vanille (optional)
- 1 Prise Salz

Zutaten für den Guss

- 30 Gramm Kokosöl
- 30 Gramm Kakaobutter
- 2 EL Ahornsirup
- 10 Gramm Chiasamen
- 25 Gramm Kakao, zuckerfrei

Zubereitung

1. Weiche als erstes die Datteln für mindestens 20 bis 30 Minuten in 160 ml kochendes Wasser ein.

2. Jetzt werden die Chiasamen von dem Teig in einer Küchenmaschine oder in einer Kaffeemühle gemahlen. Gebe dann die Datteln inklusive Einweichwasser, Kakao und das Kokosöl mit dazu.

3. Vermische diese Zutaten so lange in der Küchenmaschine, bis eine cremige Masse entstanden ist und gebe dann die gemahlenen Mandeln, das Salz und, falls du möchtest, die Vanille mit dazu.

4. Der Teig sollte aber noch ein klein wenig Kernig sein, denn dann schmecken die Brownies am Ende besser! Fülle den Teig dann in eine etwa 28 x 17 cm große, rechteckige Form. Hauptsache ist, dass die Form nicht zu groß ausfällt. Stelle die Form mit dem Teig in den Kühlschrank.

5. Schmelze die Kakaobutter und das Kokosöl im Wasserbad, falls dein Kokosöl nicht flüssig ist.

6. Gebe alle weiteren Zutaten für den Guss dazu, verrühre diese gründlich und gebe den Guss über den nun kalten Boden.

7. Stelle die Brownies für mindestens eine Stunde in den Kühlschrank – dann kannst du sie in kleine Stücke schneiden.

Tipp

Diese Brownies kommen ohne backen aus und sind dann noch Vegan, frei von Zucker oder Gluten – und passen sogar in die Paleo-Ernährung. Es gibt also gar kein Argument, diese gesunde Leckerei nicht zu probieren!

Gesunde und saftige Erdnussbutter Cookies

Ergibt ca. 15 Cookies

Zutaten

- 230 Gramm Erdnussmus
- 125 Gramm Kokosblütenzucker
- 4 Esslöffel Apfelmus, zuckerfrei
- Mark einer Vanilleschote
- 60 Gramm Dinkelmehl
- ¼ Teelöffel Natron
- 1 Prise Meersalz
- Optional: 50 Gramm Rosinen oder gehackte und ungesüßte Schokolade oder Erdnüssen

Zubereitung

1. Heize den Ofen auf 175 Grad vor. Lege dann schon einmal ein Backblech mit Backpapier aus.

2. Gebe nun das Erdnuss- und Apfelmus in eine Schüssel und vermische beides gründlich.

3. Vermenge jetzt in einer anderen Schüssel Mehl, Natron, Salz, Vanille und Zucker.

4. Gebe nun die trockenen in die nassen Zutaten, eventuell mit dem optionalen Extra in Form von vielleicht Rosinen. Vermenge alles mit einem Esslöffel nur solange, bis es gerade eben vermischt ist.

5. Pro Cookie nimmst du nun einen gehäuften Esslöffel Teig, formst Ihn zwischen den Händen zu einem Ball und drückst diesen zu einem etwa 1,5cm hohen Plätzchen flach.

6. Backe die Cookies für etwa 8-10 Minuten. Nach dem Auskühlen von mindestens 20 Minuten haben die zuvor noch sehr weichen Cookies die perfekte Konsistenz.

Hafer-Apfel-Pfannkuchen mit Ahornsirup

Zutaten

- 1 Apfel, in kleine Stücke gewürfelt
- 250 Gramm Haferflockenmehl oder 250 Gramm Haferflocken, fein gemahlen
- 250 ml ungesüßte, vegane Milch
- 250 ml stilles Wasser
- 1 Päckchen Backpulver
- 1 Teelöffel Zimt
- ½ Teelöffel Kardamom
- ¼ Teelöffel Meersalz
- 1 Esslöffel Apfelessig

Zutaten zum Garnieren

- 2 in Scheiben geschnittene Bananen
- 80 – 100 ml Ahornsirup (optional, weniger geht ebenfalls)

Zubereitung

1. Gebe das Hafermehl, Backpulver, Zimt, Kardamom und Salz in eine Schüssel und vermische alles gründlich.

2. In einer separaten Schüssel die Milch mit dem Apfelessig vermischen. Diese Mischung sollte rund 5 Minuten ruhen.

3. Jetzt kommt die Milchmischung zu den trockenen Zutaten.

4. Füge dann den Apfel hinzu und lasse den Teig einige Minuten stehen, bis er durch die Haferflocken andickt.

5. Erhitze nun eine beschichtete Pfanne und füge eventuell etwas Öl hinzu. Dann kommt jeweils eine halbe Suppenkelle mit Teig und wird zu kleinen Pancakes ausgebacken. Von beiden Seiten ca. 2-3 Minuten backen.

6. Mit der Zeit kann der Teig in der Schüssel ein wenig fester werden. Füge eine kleine Menge Milch hinzu, um ihn wieder zu verdünnen.

7. Serviere die Pfannkuchen warm mit Ahornsirup und Bananenscheiben.

Tipp

Die Pfannkuchen lassen sich wunderbar wieder aufwärmen und können daher auf Vorrat zubereitet werden. Probiere statt der Bananenscheiben auch Beeren und statt Ahornsirup reine Erdnussbutter.

Dicke Blaubeer-Pfannkuchen

Zutaten

- 1-2 Handvoll Blaubeeren
- 80 Gramm Dinkelmehl
- 170 ml vegane, ungesüßte Milch
- 4 Esslöffel feine Haferflocken
- ½ Teelöffel Zimt
- 1 ½ Teelöffel Backpulver
- 1 Prise Meersalz
- Mark einer halben Vanilleschote
- 3 Esslöffel Kokosblütenzucker

Zubereitung

1. Gebe Mehl, Haferflocken, Zimt, Backpulver, Vanille, Kokosblütenzucker und Salz in eine Schüssel und vermenge die Zutaten. Jetzt kommt die Milch dazu. Verrühre alles zu einer glatten Masse.

2. Erhitze eine Pfanne und gebe Teig hinein – die Pfannkuchen sollen höher und dicker als normal sein. Backe jeden Pfannkuchen von beiden Seiten für etwa 3 bis 4 Minuten und serviere Sie nach Geschmack mit etwas Ahornsirup.

3. Für eine Blaubeersoße einfach die Blaubeeren mit etwas Kokosblütenzucker zum Kochen bringen. Oder die Blaubeeren so dazu servieren.

Saftige Möhren-Nuss-Muffins

Zutaten

• 120 Gramm Möhren, geraspelt

• 120 Gramm Butter, zimmerwarm

• 50 Gramm Ahornsirup oder 40 Gramm Dattelsirup

• 50 Gramm Kokosblütenzucker

• Mark einer Vanilleschote

• 2 Eier

• 100 Gramm Dinkelvollkornmehl

• ½ Päckchen Backpulver

• 100 Gramm gemahlene Haselnüsse

• 1 Handvoll gehackte Pistazien oder Haselnüsse zum Verzieren, optional

Zubereitung

1. Butter, Sirup, Zucker und Vanille schaumig schlagen.

2. Füge nun die Eier nach und nach hinzu und schlage weiter, bis die Masse sehr flaumig ist.

3. Vermische in einer separaten Schüssel Mehl, Backpulver und Nüsse. Füge dies nun etappenweise zu der Eiermischung hinzu.

4. Hebe nun vorsichtig die geraspelten Möhren unter.

5. Fülle den Teig nun in ein mit Förmchen ausgelegtes Muffinblech und bestreue die Muffins mit den gehackten Nüssen. Backe die Muffins bei 150 Grad im vorgeheizten Ofen für 25 Minuten. Mache die Probe mit einem Stäbchen, um sicherzugehen, dass die Muffins gar sind.

Zuckerfreie Haferflocken-Bananen-Muffins

Für etwa 10 Muffins

Zutaten

- 3 große Bananen, sehr reif
- 120 Gramm Dinkelmehl
- 120 ml Hafermilch oder andere Milch
- 80 Gramm Haferflocken, zart
- 2 TL Backpulver
- 1 TL Zimt
- 1 TL Zitronensaft, frisch gepresst
- Optional: Ausgekratztes Mark einer Vanilleschote

Zubereitung

1. Zerdrücke die Bananen mit einer Gabel und gebe erst die Hafermilch und dann alle weiteren Zutaten hinzu.

2. Fülle den Teig in Muffinförmchen aus Silikon und backe sie rund 20 Minuten im vorgeheizten Ofen.

Gesunde Kokos-Schokoladen-Törtchen

Zutaten für den Boden

- 80 Gramm Datteln
- 4 EL Haferflocken, zart
- 4 EL Kakaopulver, zuckerfrei
- 4 EL Kokosflocken
- 15 Gramm Ahornsirup

Zutaten für die Kokoscreme

- 100 Gramm Kokosflocken
- 100 Gramm Joghurt
- 50 Gramm Ahornsirup
- 40 Gramm Kokoscreme
- 2 EL Kokosöl

Zubereitung

1. Beginne mit dem Boden der kleinen Törtchen. Gebe dafür einfach alle Zutaten für den Boden in einen Mixer. Am Ende soll eine homogene Masse entstehen.

2. Nutze am besten Muffinförmchen aus Silikon und teile den Boden auf 8 Formen auf. Drücke diesen in den Förmchen gut fest.

3. Einen starken Mixer oder ein wenig mehr Geduld benötigst du für die Creme der Törtchen. Auch hier soll eine einheitliche Masse entstehen.

4. Verteile die Kokoscreme auf dem Boden und friere diese dann für mindestens eine Stunde ein. Achte darauf, dass du die Törtchen vor dem Verzehr herausholst – ideal sind etwa 30 Minuten vorher.

Tipp

Anstelle von normalem Joghurt kannst du in diesem Fall sehr gut auch Kokosjoghurt nehmen. Achte dabei aber darauf, dass dieser frei von Zucker ist. Kokoscreme ist übrigens die feste Masse, die bei der Kokosmilch entsteht, wenn du eine Dose in den Kühlschrank stellst. Dafür kannst du also ganz normale Kokosmilch verwenden.

Nussige Energiebällchen mit Datteln

Zutaten

- 200 Gramm Datteln
- 120 Gramm Haselnüsse
- 30 Gramm Haferflocken
- 50 Gramm Kokosflocken
- 2 EL Kakao, zuckerfrei
- 1 Prise Salz
- Das Mark 1 Vanilleschote

Zubereitung

1. Hacke die Datteln und auch die Haselnüsse zuerst sehr klein. Gebe danach die Haferflocken und alle weiteren Zutaten bis auf die Kokosflocken hinzu.

2. Gründlich vermengen und dann mit den Händen kleine Kugeln daraus formen. Diese wälzt du zum Abschluss in den Kokosflocken und bewahrst sie am besten im Kühlschrank auf.

Schnelle Apfeltaschen mit Rosinen

Zutaten

- 250 Gramm Dinkelmehl
- 1 Ei
- 100 ml Milch, lauwarm
- 1 TL Kokosblütenzucker
- 1 TL Trockenhefe
- 2 Äpfel
- 40 Gramm Rosinen
- 20 Gramm Haselnüsse, gemahlen
- Etwas Milch oder ein Eigelb zum Bepinseln der Apfeltaschen

Zubereitung

1. Verrühre die Milch mit dem Ei, der Trockenhefe und dem Kokosblütenzucker. Jetzt das Mehl nach und nach dazugeben und den Teig sehr gründlich durchkneten. Danach sollte er an einem warmen Ort für 45 Minuten gehen.

2. Schäle die Äpfel und schneide sie in grobe Würfel und kochst sie in ein wenig Wasser weich. Danach kippst du das Wasser ab und verrührst die Haselnüsse und die Rosinen damit.

3. Forme den Teig in Kreise, die nicht zu dünn sein sollten. Fülle die Apfeltaschen mit der vorbereiteten Apfelmischung und klappe sie zusammen. Drücke am besten die Ränder noch mit einer Gabel ein, damit sie besser halten.

4. Bepinsle die Taschen mit Eigelb oder ein wenig Milch und backe sie im vorgeheizten Backofen auf einem Backblech bei 200 Grad für rund 15 Minuten.

Trockene Kuchen: Blechkuchen, Marmorkuchen und weitere Ideen

Simpler Rührkuchen

Zutaten

- 120 Gramm Dinkelmehl
- 120 Gramm Butter, sehr weich
- 2 Eier
- 1 geriebener Apfel
- 1 Prise Salz
- Etwas Milch
- Obst nach Wunsch zum Belegen des Kuchens

Zubereitung

1. Verrühre alle Zutaten bis auf das Obst gründlich in einer Schüssel. Falls der Teig zu fest ist, gibst du ein wenig Milch hinzu.

2. Lege eine Backform nach Wahl mit Backpapier aus, fülle den Teig ein und backe den Rührkuchen im vorgeheizten Ofen bei 200 Grad für 15 Minuten.

3. Belege den Kuchen nach Geschmack mit Obst.

Tipp

Genieße den Kuchen ruhig lauwarm – hier ist kein Backpulver drin und so schmeckt er besonders gut.

Zebra-Bananen-Kuchen in Marmoroptik

Zutaten

• 3 große Bananen, sehr reif

• 150 Gramm Apfelmus, zuckerfrei oder selbstgemacht

• 100 ml Hafermilch oder Mandelmilch, ungesüßt

• 200 Gramm Dinkelmehl

• 20 Gramm Kokosöl, flüssig

• 2 TL Backpulver

• 1 TL Zimt

• Jeweils 1 Prise Vanilleschote, gemahlen und Salz

• Für den dunklen Teig: zusätzlich 1 TL Pflanzenmilch und 1 EL Kakao, zuckerfrei

Zubereitung

1. Püriere im ersten Schritt die Bananen zu einem Mus und gebe dann erst die feuchten und dann alle trockenen Zutaten hinzu. Der Teig soll am Ende gleichmäßig sein.
2. Teile den Teig in zwei gleiche Hälften und rühre bei der einen Hälfte noch das Kakaopulver und die Pflanzenmilch für den dunklen Teig unter.
3. Fette eine kleine Springform oder eine Kastenform ein und gebe immer abwechselnd hellen und dunklen Teig hinein.
4. Jetzt wird der Kuchen bei 175 im vorgeheizten Ofen für 35 Minuten gebacken. Prüfe mit einem Stäbchen, ob der Zebra-Bananen-Kuchen auch fertig ist.

Tipp

Du kannst auch noch etwas zuckerfreie Schokolade hacken und unter den dunklen Teig heben. Dann ist die Schokoladennote noch intensiver und der Kuchen erhält eine noch stärkere Marmornote – und schmeckt auch echten Zuckerfans!

Besonders schokoladiger Schokokuchen

Für eine kleine 20 cm Springform

Zutaten

- 120 Gramm Dinkelmehl
- 150 ml Milch
- 1 ½ TL Essig
- 130 Gramm Ahornsirup
- 60 ml Kokosöl
- Mark einer Vanilleschote
- 35 Gramm Kakaopulver
- Prise Meersalz
- ¾ TL Backpulver
- 80 Gramm gehackte 100% Kakao Schokolade

Zubereitung

1. Vermische alle nassen Zutaten miteinander und lasse die Mischung für 10 Minuten ruhen.

2. Währenddessen kannst du die übrigen Zutaten in einer anderen Schüssel miteinander vermischen.

3. Nach Ablauf der Ruhezeit gibst du alle trockenen Zutaten zu den nassen und vermischst alles zu einem cremigen Teig.

4. Fülle den Teig in die gefettete Springform und backe den Kuchen bei 175 Grad für 20 Minuten.

Tipp

Serviere den Kuchen mit zuckerfreiem, selbstgemachtem Eis! Wie das geht? Einfach am Vortag sehr reife Bananen in Scheiben schneiden, einfrieren und kurz vor dem Servieren mit einem Klecks Joghurt in einen hochleistungsfähigen Mixer geben. Wenn du alles zu einer cremigen Masse gemixt hast, schmeckt es beinahe wie echte Eiscreme!

Süßer Dinkel-Rosinen-Stuten

Zutaten

- 500 Gramm Dinkelmehl
- 75 Gramm Kokosblütenzucker
- ½ TL Meersalz
- ½ Würfel frische Hefe
- 200 ml Milch, lauwarm
- 60 Gramm Butter, geschmolzen
- ½ verquirltes Ei für den Teig
- ½ verquirltes Ei zum Bestreichen
- 150 Gramm Rosinen

Zubereitung

1. Vermische in einer Schüssel alle trockenen Zutaten miteinander.

2. Löse die Hefe in der warmen Milch auf und forme eine Mulde in die Mehlmischung. Gieße die Hefe hinein und tue das gleiche mit dem Ei und der geschmolzenen Butter.

3. Verknete nun alles gründlich zu einem glatten Teig, der an den Händen nicht kleben bleibt. Sollte er kleben, füge vorsichtig ein wenig mehr Mehl hinzu. Arbeite beim Kneten die Rosinen in den Teig.

4. Decke den Teig ab und lasse ihn an einem warmen Ort gehen, bis er sein Volumen verdoppelt hat. Das kann zwischen 45-60 Minuten dauern.

5. Nun kannst du den Teig mit leichter Hand kneten und zu einem Stuten formen. Lege ihn sodann auf ein mit Backpapier ausgelegtes Blech.

6. Bestreiche den Stuten mit dem restlichen Ei und backe ihn im vorgeheizten Ofen bei 180 Grad. Jeder Stuten braucht unterschiedlich

lange. Teste mit einem Stäbchen nach etwa 40 Minuten, ob der Teig innen trocken ist. Backe ihn bis zu 60 Minuten.

Klassisches Bananenbrot

Zutaten

- 200 Gramm Dinkelmehl
- 3 Bananen, sehr reif
- 100 Gramm Apfel, gerieben oder zuckerfreies Apfelmus
- 2 Eier
- 50 Gramm Haselnüsse gehackt oder andere Nüsse
- 1 bis 2 TL Zimt
- 1 Packung Backpulver

Zubereitung

1. Zerdrücke die Bananen zuerst mit einer Gabel in einer Schüssel und gebe dann alle anderen Zutaten hinzu. Mit einem Handrührgerät zu einem glatten Teig mixen und diesen direkt in eine eingefettete Kastenbackform füllen.

2. Im vorgeheizten Backofen bei 180 Grad für etwa 45 Minuten backen. Mache unbedingt eine Stäbchenprobe – schließlich braucht jeder Backofen unterschiedlich lange und die Backform beeinflusst die Zeit ebenfalls.

Tipp

Du hast keine reifen Bananen? Dann kannst du diese für einige Minuten noch in ihrer Schale bei 150 Grad backen. So werden auch die grünsten Bananen schnell reif – und du musst nicht tagelang warten.

Fruchtiger Zitronenkuchen aus der Springform

Für eine kleine Springform a 20 cm

Zutaten für den Teig

- 200 Gramm Dinkel- oder Vollkornmehl
- 100 ml Milch
- 150 Gramm griechischer Joghurt
- 80 ml Zitronensaft, frisch gepresst
- 2 Eiweiß
- 1 Prise Salz
- 25 Gramm Butter, flüssig oder Kokosöl
- 1 TL Backpulver
- ½ TL Natron
- Abgeriebene Schale einer Zitrone
- Etwa 70 bis 80 Gramm Kokosblütenzucker

Zutaten für das optionale Frosting

- 200 Gramm griechischer Joghurt

- 1 EL Zitronensaft, frisch gepresst
- 1 EL Kokosblütenzucker, fein gemahlen

Zubereitung

1. Schlage erst die Eiweiße mit einer Prise Salz steif.
2. Verrühre in einer Schüssel die trockenen Zutaten für den Teig und in einer anderen die Nassen. Dann kommen die flüssigen Zutaten zu den trockenen.
3. Hebe den Eischnee zum Abschluss unter den Teig und fülle den Teig in eine mit Backpapier ausgelegte Springform.
4. Backe den Zitronenkuchen im vorgeheizten Ofen bei 175 Grad für 25 bis 35 Minuten. Lasse ihn dann erst einmal abkühlen.
5. Jetzt kannst du das optionale Frosting anrühren und auf dem Kuchen verteilen.

Saisonal backen: Sommerliche Kuchen und Torten

Roher Beerenkuchen in drei Farben

Zutaten für den Boden

- 100 Gramm Datteln
- 150 Gramm Haferflocken, zart
- 100 Gramm Rosinen
- 50 Gramm Mandeln, gehobelt
- 2 EL Kakao, zuckerfrei

Zutaten für die mittlere Schicht

- 400 Gramm Cashewnüsse
- 2 EL Ahornsirup (alternativ Reissirup)
- 6 EL Kokosöl
- 2 Vanilleschoten
- Der Saft von einer Limette

Zutaten für die oberste Schicht

- 350 Gramm Himbeeren, frisch oder TK (oder andere Beeren)

Zubereitung

1. Weiche zunächst die Datteln, die Rosinen und die Cashewnüsse getrennt voneinander in ein wenig Wasser ein. Am besten über Nacht.
2. Jetzt kommen alle Zutaten für den Boden zusammen mit den nun weichen Datteln und Rosinen in einen starken Mixer. Mixe alles zu einer cremigen Masse und gebe eventuell ein wenig von dem Einweichwasser hinzu.
3. Fülle die Masse dann in eine Springform und friere diese ein.
4. In der Zwischenzeit kannst du bereits die mittlere Schicht vorbereiten. Dafür alle Zutaten für die mittlere Schicht im Mixer fein pürieren. Teile die Masse in zwei Teile und gebe die eine Hälfte auf den Boden und friere beides wieder ein.

5. Die zweite Hälfte der mittleren Schicht lässt du im Mixer und gibst die gewaschenen Himbeeren dazu. Alles pürieren und auf den Kuchen geben. Warte dafür aber, bis die mittlere Schicht fest ist.

6. Friere den Kuchen für mindestens 3 Stunden ein und nehme ihn 30 Minuten vor dem Servieren heraus.

Rohe Erdbeertorte mit Schokolade

Zutaten für den Boden

- 4 Datteln
- 30 Gramm Kakao, zuckerfrei
- 180 Gramm Kokosraspeln
- 10 Gramm Ahornsirup
- 10 Gramm Kokosöl, flüssig

Zutaten für die Füllung

- 180 Gramm Erdbeeren, frisch
- 1 Dose Kokosmilch (ca 250 ml Inhalt)
- 120 Gramm Kokosöl, flüssig
- 60 Gramm Kokosraspeln
- 30 Gramm Ahornsirup
- 1 EL Kokosblütenzucker
- 1 TL Vanille (optional)

Zutaten für das Topping

- 1 EL Kakao, zuckerfrei
- 30 Gramm Kokosöl, flüssig
- 1 EL Carobpulver

Zubereitung

1. Als erstes bereitest du den Boden zu und vermischst dafür alle Zutaten für diesen in einer Schüssel. Gebe den so entstehenden Teig in eine Springform, die du mit Backpapier auslegen solltest. Stelle den Boden kalt.

2. Jetzt kannst du mit der Füllung beginnen und schneidest die Erdbeeren in kleine Stücke. Dann vermischst du erst alle Zutaten für die Füllung bis auf die Erdbeeren miteinander. Hebe die Erdbeeren unter die Masse und gebe diese auf den nun harten Boden.

3. Stelle alles kalt und verrühre dann die Zutaten für das Topping miteinander. Gieße das Topping über die Torte und stelle die rohe Erdbeertorte vor dem Verzehr etwa 3 Stunden kalt.

Fruchtiger Rhabarberkuchen

Zutaten

- 150 Gramm Dinkelmehl, Vollkorn
- 1 TL Backpulver
- 1 Prise Meersalz
- 40 Gramm Butter, geschmolzen
- 70 Gramm Dattelsirup oder 85 Gramm Ahornsirup
- 1 Ei
- 2 EL Joghurt, Vollfett
- 80 ml Milch
- 400 Gramm Rhabarber
- Mark einer Vanilleschote
- Abrieb ½ Zitrone
- 60 Gramm Mandelstifte

Zubereitung

1. Bereite zuerst den Rhabarber vor indem du ihn wäschst, schälst und in mundgerechte Stückchen schneidest.

2. Vermische das Mehl in einer Schüssel mit dem Backpulver und Salz.

3. Schlage nun in einer anderen Schüssel Ei, Milch, Joghurt und Sirup sehr schaumig, etwa 1 Minute lang mit dem Handrührgerät.

4. Rühre jetzt nur mit einem Löffel Zitronenschale, Vanillemark und die Butter vorsichtig unter.

5. Siebe nun die Mehlmischung unter die Buttermasse und verrühre alles zu einem geschmeidigen Teig.

6. Verstreiche den Teig gleichmäßig in eine gefettete 26 cm Springform. Verteile den Rhabarber auf dem Teig und bestreue alles mit den Mandelstiften.

Backe den Kuchen bei 180 Grad für 40 Minuten, bis der Rhabarber weich und der Teig gar ist.

Weicher Zwetschgenkuchen

Zutaten

- 200 Gramm Dinkelmehl, Vollkorn
- Prise Meersalz
- 3 Eier
- 100 Gramm weiche Butter
- Mark einer Vanilleschote
- 3 EL Ahornsirup
- 150 Gramm Joghurt
- 1 TL Zimt
- ½ TL Natron
- 1 ½ TL Backpulver
- 600 Gramm Zwetschgen
- 50 Gramm Mandelblättchen

Zubereitung

1. Bereite die Zwetschgen vor indem du sie wäschst, entkernst und halbierst.

2. Schlage die Butter, Eier, Zimt und Vanille zu einer schaumigen Masse.

3. Füge nun Joghurt und Ahornsirup hinzu und schlage weiter, bis alles sehr cremig ist.

4. Vermische Mehl, Backpulver, Natron und Salz in einer zweiten Schüssel miteinander und rühre es nach und nach unter die Buttermasse.

5. Fülle den Teig nun in eine gefettete 26cm Springform und belege ihn mit den Zwetschgen. Drücke sie leicht in den Teig hinein, sodass sie zur Hälfte im Teig sind.

6. Backe den Kuchen bei 200 Grad im vorgeheizten Ofen insgesamt für ca. 40 Minuten. Nach der Hälfte der Backzeit die Mandeln über den Kuchen streuen und weiterbacken.

Sommerlicher Johannisbeer-Nuss-Kuchen

Für eine Springform a 26 cm Durchmesser

Zutaten

- 150 Gramm Vollkornmehl
- 200 Gramm Haselnüsse, gemahlen
- 65 Gramm Haferflocken, zart
- 60 Gramm Ahornsirup
- 1 Ei
- 100 Gramm Saure Sahne
- 2 EL Raps- oder Sonnenblumenöl
- 3 Eiweiß
- Das Mark einer Vanilleschote
- 1 Prise Salz
- ½ TL bis 1 TL Zimt

Zubereitung

1. Mische das Mehl erst mit 100 Gramm der Haselnüsse und 50 Gramm der Haferflocken. In einer anderen Schüssel verrührst du das Ei mit dem Öl, mit einem Teil des Ahornsirups und der Sauren Sahne. Den entstehenden Teig füllst du in die Springform und stellst diese für rund 30 Minuten kalt.

2. Schlage die Eiweiße mit dem Salz, dem restlichen Ahornsirup, dem Mark der Vanilleschote und dem Zimt steif.

3. Gebe alle restlichen Zutaten unter die Eiweißmischung und streife die Johannisbeeren am besten mit einer Gabel von den Rispen.

4. Alles vorsichtig vermischen und auf dem nun kalten Boden verteilen. Backe den Kuchen für 40 bis 50 Minuten im vorgeheizten Ofen bei 180 Grad. Erst abkühlen lassen und dann in Stücke schneiden.

Fruchtige Quarkmuffins

Zutaten

- 100 Gramm Magerquark
- 120 Gramm Dinkelmehl
- 80 Gramm Haferflocken, zart
- 4 EL Sonnenblumenöl
- 1 TL Zimt
- 2 EL Ahornsirup
- 2 Eier
- 2 TL Backpulver
- 250 Gramm Beeren nach Wunsch, frisch oder TK

15.10.19 •••
mit 200g Himbeeren

Zubereitung

1. Lasse den Quark zuerst über einem mit Küchenpapier ausgelegten Sieb abtropfen.

2. Jetzt vermischst du den abgetropften Quark mit Eiern, Öl, Zimt und Ahornsirup.

3. Mische Mehl, Haferflocken und Backpulver unter.

4. Im letzten Schritt hebst du die Beeren vorsichtig unter und füllst den Teig dann in Muffinförmchen. Am besten nutzt du Förmchen aus Silikon.

5. Backe die fruchtigen Muffins im vorgeheizten Ofen bei 180 Grad für 25 Minuten backen.

Saisonal backen: Herbstliches Gebäck mit Kürbis und Co.

Frühstücks-Muffins mit Kürbis und Zimtaroma

Zutaten

- 200 Gramm Haferflocken
- 1 kleiner Hokkaido Kürbis, etwa 1kg
- ½ TL Zimt
- ¼ TL Muskatnuss
- ½ TL Meersalz
- 3 EL Ahornsirup
- 250 ml Wasser
- 2 EL Mandelmus oder Kokosöl
- Optional: Kokosraspeln, Rosinen

Zubereitung

1. Wasche, entkerne und würfele den Kürbis. Im Kochtopf wird der Kürbis nun mit Wasser etwa 20 Minuten gegart, bis er sehr weich ist. Anschließend mit einem Pürierstab oder im Mixer zu einer einheitlichen Masse pürieren.

2. Während der Kürbis gart, kannst du alle trockenen Zutaten in eine große Schüssel geben.

3. In einer separaten Schüssel vermischst du nun alle nassen Zutaten, samt dem Kürbis. An dieser Stelle gibst du auch Rosinen oder Kokosraspel hinzu, wenn du magst.

4. Vermische nun alles mit einander und fülle den Teig in ein mit Papierförmchen ausgelegtes Muffinblech.

5. Backe die Muffins auf mittlerer Schiene im vorgeheizten Backofen bei 180 Grad.

Kürbis-Bananen-Brot

Zutaten

- 240 Gramm Dinkelmehl
- 1 TL Natron
- ¾ TL Backpulver
- ¾ TL Meersalz
- ½ TL Zimt
- ½ TL Muskatnuss
- ½ TL gemahlener Ingwer
- 360 Gramm Bananen, sehr reif (etwa 4 mittlere Bananen)
- 120 Gramm gegartes und püriertes Kürbisfleisch (siehe Schritt 1 des vorigen Rezepts)
- 120 ml Ahornsirup
- 80 ml Kokosöl, flüssig

Zubereitung

1. Vermische alle trockenen Zutaten in einer großen Schüssel.

2. Zerdrücke die Bananen mit einer Gabel zu Brei.

3. Gebe die Bananen mit allen nassen Zutaten in eine separaten Schüssel und vermische alles gründlich. Füge die trockenen Zutaten hinzu und verarbeite alles zu einer einheitlichen Masse.

4. Fette eine Kastenform ein und gebe den Teig hinein. Backe das Brot bei 175 Grad auf mittlerer Schiene für 30 Minuten. Schalte den Ofen aus und lasse das Brot für weitere 10 Minuten im Ofen, ohne ihn zu öffnen.

Tipp

Das Brot wird noch saftiger und süßer am nächsten Tag. Für ein schnelles Frühstück oder Dessert in weiterer Zukunft, kannst Du es in Scheiben schneiden, einfrieren und wunderbar im Toaster oder Ofen auftauen.

Süße Maisbrot Muffins mit Kürbis

Zutaten

- 120 Gramm Maismehl
- 120 Gramm Dinkelmehl
- 1 TL Natron
- 1 ½ TL Backpulver
- 1 Prise Meersalz
- 4 EL Kokosblütenzucker
- 4 EL Apfelmus
- 180 ml vegane Milch (oder Kuhmilch)
- 225 Gramm gegartes Kürbisfleisch
- 2 EL geschmolzenes Kokosöl

Zubereitung

1. Vermische Maismehl, Dinkelmehl, Natron, Salz und Backpulver in einer Schüssel.

2. Vermische Zucker, Milch, Apfelmus, Kürbis und Kokosöl in einer anderen Schüssel. Gebe die Mehl Mischung hinzu und verarbeite alles mit einem Holzlöffel zu einem einheitlichen Teig.

3. Lege ein Muffinblech mit Förmchen aus und fülle Sie zu ¾ mit dem Teig. Backe die Muffins nun bei 175 Grad für 20 Minuten.

Würziger Möhrenkuchen mit Nüssen

Zutaten

- 175 Gramm Dinkelmehl
- 2 TL Backpulver
- ½ TL Natron
- ½ TL Meersalz
- 2 TL Zimt
- ½ TL gemahlenen Ingwer
- ½ TL Muskatnuss
- 1 Handvoll gehackte Pekannüsse oder Walnüsse
- 4 große Möhren, geraspelt
- 1 sehr reife Banane
- 60 ml geschmolzenes Kokosöl
- 80 ml Ahornsirup
- Mark einer Vanilleschote
- 125 ml vegane Milch
- 1 Handvoll Kokosraspel, optional

Zubereitung

1. Kombiniere alle trockenen Zutaten in einer großen Schüssel und füge die geraspelten Möhren hinzu, ohne zu mischen.

2. Gebe die Banane, Ahornsirup und Milch in einen Mixer und verarbeite alles zu einer einheitlichen Mischung. Alternativ kannst du die Banane auch gut per Hand zerstampfen und alles mit einem Schneebesen verrühren.

3. Gebe die trockenen Zutaten samt Möhren zu der Milchmischung und rühre alles gut um. Füge erst jetzt das Kokosöl hinzu und vermische alles gründlich.

4. Backe den Teig im vorgeheizten Ofen in einer gefetteten Kastenform bei 175 Grad für etwa 45-50 Minuten.

5. Garniere den Kuchen mit gehackten Nüssen oder Mandelblättchen.

Einfacher und saftiger Apfelkuchen

16.10.19 • • •

Für eine Springform mit 20 cm Durchmesser

Zutaten

- 200 Gramm Dinkelmehl
- 50 Gramm Mandeln, gemahlen
- 300 Gramm Äpfel
- 150 Gramm Apfelmus, zuckerfrei oder geriebene Äpfel
- 2 TL Backpulver
- ½ Banane
- 150 ml Milch
- 1 TL Zimt
- 1 EL Pflanzenöl, neutral wie Sonnenblumenöl
- ½ TL Apfelessig

Zubereitung

1. Vermische erst alle trockenen Zutaten in einer Schüssel und die nassen in einer anderen.

2. Zerdrücke dann die Banane zu einem feinen Mus und schneide die Äpfel in Scheiben oder in Stücke.

3. Jetzt verrührst du alle Zutaten bis auf die Apfelstücke zu einem glatten Teig. Dann hebst du die Apfelstücke unter.

4. Fülle den Teig in eine eingefettete oder mit Backpapier ausgelegte Springform und backe den Kuchen im vorgeheizten Ofen bei 175 Grad für etwa 50 Minuten.

Klassischer Apfelstreuselkuchen

Für eine Springform mit 24 cm Durchmesser

Zutaten für den Kuchen

- 3 Eier
- 400 Gramm Quark
- 300 Gramm Frischkäse
- 130 Gramm Kokosblütenzucker
- 3 Äpfel
- 3 EL Mandelmehl
- Etwas abgeriebene Zitronenschale

Zutaten für die Streusel

- 100 Gramm Butter
- 2 EL Kokosblütenzucker
- 30 Gramm Walnüsse oder Haselnüsse, gemahlen
- 100 Gramm Mandelmehl

Zubereitung

1. Rühre im ersten Schritt die Eier mit Quark, Frischkäse, Kokosblütenzucker, Mandelmehl und der Zitronenschale glatt.

2. Fülle den Teig in die Springform, die du mit Backpapier auslegen oder einfetten solltest.

3. Schäle jetzt die Äpfel, schneide sie in kleine Stücke und verteile sie auf dem Teig in der Springform.

4. Jetzt kommen wir zu den Streuseln. Verknete dafür die Butter mit dem Mandelmehl, Zucker und den gemahlenen Nüssen. Zerbrösele diese Masse über den Äpfeln.

5. Backe den Kuchen im vorgeheizten Backofen bei 150 Grad für 45 Minuten.

Saisonal backen: Weihnachten ganz ohne Zucker

Schwarz-Weiß Gebäck auf gesunde Art

Zutaten für den hellen Teig

- 130 Gramm Banane, sehr reif
- 80 Gramm Margarine, weich
- 230 Gramm Dinkelmehl

Zutaten für den dunklen Teig

- Zusätzlich 1 gehäuften EL Kakao, zuckerfrei

Zubereitung

1. Im ersten Schritt pürierst du die Bananen und vermengst diese mit der Margarine und dem Dinkelmehl. So sollte ein glatter Teig entstehen.

2. Teile den Teig nun in zwei gleiche Teile und rühre bei dem einen Teil den Kakao unter.

3. Forme den Teig nach deiner Fantasie zum Beispiel in zweifarbige Stangen. Oder rolle beide Teige zu einem Rechteck, lege die Rechtecke übereinander und rolle den Teig auf. In Scheiben geschnitten entstehen so zweifarbige Kekse.

4. Im vorgeheizten Backofen bei 160 Grad auf einem Backblech für etwa 12 bis 18 Minuten backen. Die Stangen brauchen dabei etwas länger als die Plätzchen.

Weihnachtliche Nuss Plätzchen

Zutaten

- 100 Gramm entsteinte Datteln, bei weniger starkem Mixer: Vorher 1 Stunde in Wasser eingeweicht
- 200 Gramm Mandeln oder Haselnüsse, gemahlen
- 1 EL Zitronensaft
- 1 EL Orangensaft, ungesüßt
- 2 Eier
- 2 TL Lebkuchengewürz
- Abrieb einer Zitrone
- 5 EL Erdnüsse, gehackt

Zubereitung

1. Gebe die Datteln, Eier und Säfte in einen Mixer und verarbeite alles zu einer einheitlichen Masse.

2. Zusammen mit den restlichen Zutaten zu einem glatten Teig verkneten.

3. Lege ein Backblech mit Backpapier aus. Forme nun den Teig zu kleinen Kugeln und drücke diese mit einer Gabel ein wenig flach, sodass sich das Muster der Gabel abdrückt.

4. Backe die Plätzchen bei 160 Grad im vorgeheizten Ofen für 15 Minuten.

Gesunde Kokosmakronen

Zutaten

- 100 g Kokosraspeln
- 70 g Kokosblütenzucker
- 3 Esslöffel Dinkelmehl
- 40 g gehackte Mandeln
- 1 Esslöffel geschmolzenes Kokosöl
- 7 Esslöffel warmes Wasser
- 1 Prise Meersalz
- 1 Messerspitze Nelkenpulver oder eine Weihnachts-Gewürzmischung
- Oblaten

Zubereitung

1. Vermische ganz einfach alles in einer Schüssel zusammen und verarbeite es mit dem Knethaken zu einer dicken Masse.

2. Lege ein Backblech mit Backpapier aus und verteile die Oblaten auf dem Blech. Forme etwa 2 Euro Stück große Bällchen und platziere Sie auf den Oblaten.

3. Backe die Makronen im vorgeheizten Ofen bei 150 Grad für etwa 12-15 Minuten, bis sie leicht goldbraune Hauben bekommen.

Ausstechplätzchen mit Abwandlung zu Spitzbuben

Zutaten

- 200 Gramm Dinkelmehl
- 110 Gramm gemahlene Mandeln
- 80 Gramm Kokosblütenzucker
- 200 Gramm Margarine
- 2 TL Weinsteinbackpulver
- Mark einer Vanilleschote
- 1 Prise Meersalz
- Geriebene Schale von ½ Zitrone
- Spitzbuben: ungesüßte Marmelade. Einfach selbst gemacht:

200 Gramm Erdbeeren oder Himbeeren mit einem Pürierstab pürieren. Dann 1 Esslöffel Sirup deiner Wahl und 1 ½ EL Chiasamen hinzugeben. Masse für mindestens ½ Stunde stehen lassen.

Zubereitung

1. Alle Zutaten mit den Händen auf einer bemehlten Arbeitsfläche zu einer einheitlichen Masse verarbeiten. Den Teig zu einer Kugel formen, in Frischhaltefolie wickeln und im Kühlschrank 1-2 Stunden ruhen lassen.

2. Den Teig dann auf einer mit Mehl bestreuten Fläche ca. 4mm dünn ausrollen. Mit Förmchen ausstechen und auf ein mit Backpapier ausgelegtes Backblech geben.

3. Backe die Plätzchen im vorheizten Ofen bei 175 Grad für 10 bis 12 Minuten. Der Teig bleibt hell, ist aber zu diesem Zeitpunkt schon gar.

4. Für die Spitzbuben die Plätzchen auskühlen lassen. Bestreiche nun die Hälfte aller Plätzchen mit der Marmelade und setze die andere Hälfte der Plätzchen als Deckel darauf.

Tipp

Du kannst in eine Hälfte der Plätzchen für stilechte Spitzbuben auch ein Loch stechen. Dann kommst das Plätzchen mit dem Loch nach oben und sorgt für die klassische Optik. Ohne das vorgestochene Loch geht es aber ebenfalls.

Weihnachtliche Lebkuchen mal gesund

Zutaten

• 200 Gramm Nüsse nach Geschmack, gemahlen

• 80 Gramm Butter, weich

• 100 Gramm Dinkelmehl

• 100 Gramm Datteln

• 120 ml Milch

• 2 Eier

• 2 EL Kokosflocken

• Jeweils 1 TL Backpulver und Lebkuchengewürz

• 1 Prise Vanille, gemahlen

• 2 EL Beeren, gemischt oder Trockenfrüchte nach Geschmack

Zubereitung

1. Püriere im ersten Schritt die Datteln mit der Milch und den Eiern. Leichter geht das, wenn du die Datteln vorher in der Milch einweichst.

2. Vermische nun alle trockenen Zutaten und gebe die Dattelmischung genau wie die Butter hinzu.

3. Lege eine rechteckige Form mit Maßen von etwa 25 x 25 cm mit Backpapier aus, gebe die Masse hinein und streue die Kokosflocken genau wie das Obst darüber.

4. Backe die gesunden Lebkuchen bei 180 Grad für etwa 25 Minuten. Sobald sie abgekühlt sind, kannst du sie in Würfel schneiden und in einer typischen Weihnachtsdose aufbewahren.

Christstollen in leichter Abwandlung

Zutaten

• 120 Gramm Dinkelmehl

• 80 ml Hafermilch oder Kuhmilch

• 50 Gramm Mandeln, gemahlen

• 50 Gramm Mandeln, gehackt

• 30 Gramm Kokosmehl

• 80 Gramm Rosinen

• 1 Packung Trockenhefe

• Saft und Schale einer Orange

• Abgeriebene Schale einer Zitrone

• 1 EL Nussmus nach Wahl

• Jeweils 1 Prise Kardamom und Spekulatiusgewürz

• 1 TL Zimt

• 50 Gramm Marzipan, zuckerfrei

Zubereitung

1. Weiche die Rosinen für 30 bis 60 Minuten im Orangensaft ein.

2. Rühre dann die Trockenhefe mit lauwarmer Hafermilch an und lasse diese dann quellen.

3. Gebe dann alle Zutaten außer dem zuckerfreien Marzipan in eine Schüssel und verarbeite alles zu einem Teig.

4. Rolle den Teig dann am besten auf einer Backmatte aus, schneide das Marzipan in kleine Stücke und verteile diese darauf.

5. Teig dann zusammenklappen, sodass kleine Teigtaschen entstehen und dann auf einem Backblech verteilen. Bei 175 Grad im vorgeheizten Backofen für etwa 20 bis 30 Minuten backen. Die genaue Backzeit hängt auch mit der Größe der einzelnen Christstollen zusammen.

Herzhaftes Gebäck: Pizza, Quiche, Gemüsemuffins und vieles mehr

Vegane Brötchen mit Oregano

Ergibt etwa 12 kleine Brötchen

Zutaten

- 500 ml vegane, ungesüßte Milch
- 2 Esslöffel Apfelessig
- 360 Gramm Dinkelmehl
- 100 Gramm gemahlene Mandeln
- 2 Esslöffel Backpulver
- 2 Teelöffel Oregano
- 2 Teelöffel getrocknetes Basilikum
- 2 Teelöffel Meersalz

Zubereitung

1. Heize den Ofen auf 220 Grad vor.

2. Gebe den Apfelessig mit der Milch in einen Becher und lasse die Mischung für mindestens 5 Minuten stehen, bis eine Art Buttermilch entsteht.

3. Gebe Mehl, gemahlene Mandeln, Backpulver, Salz und Gewürze in eine Schüssel und vermenge alles gut miteinander.

4. Füge nun die Buttermilch hinzu und rühre alles mit einem Löffel, bis eine einheitliche Masse entsteht.

5. Lege ein Backblech mit Backpapier aus. Gebe nun pro Brötchen etwa 2 Esslöffel Teig auf das Blech. Forme den Teig zu möglichst runden Häufchen, die ruhig 3 bis 4 cm hoch sein dürfen.

6. Backe die Brötchen nun für 12 Minuten. Sie bleiben dann sehr hell und werden nur stellenweise leicht goldbraun.

Tipp

Serviere die Brötchen zur Suppe, als Beilage zum Salat, oder einfach zum Abendbrot mit zum Beispiel Hummus, Tomatenscheiben oder mit Gurke.

Gesunde Quiche mit Paprika und Schmand

Zutaten

- 400 Gramm Dinkel- oder Weizenvollkornmehl
- 1 Ei
- 180 Gramm Butter, kalt
- 160 ml Wasser
- 1 TL Paprikapulver, edelsüß
- 2 Zehen Knoblauch, gepresst
- Salz und Pfeffer zum Abschmecken
- 1 Handvoll Cocktailtomaten
- 1 Paprika
- 250 Gramm Schmand
- 120 Gramm Gouda jung, gerieben
- Oregano

Zubereitung

1. Mehl mit 1 Prise Salz in eine große Schüssel geben. Die kalte Butter in Flocken und das Wasser dazugeben und mit den Händen zu einem Teig verarbeiten. In Folie gewickelt den Mürbeteig nun etwa 1 Stunde im Kühlschrank ruhen lassen.

2. Fette nun eine Quiche Form ein und drücke den Teig schön dünn hinein. Forme unbedingt auch einen Rand.

3. Halbiere nun die Cocktailtomaten und schneide die Paprika in kleine Würfel. Alternativ kannst du auch Pilze oder Zucchini nehmen.

4. Vermische nun Ei, Knoblauch und Schmand zu einer cremigen Masse und schmecke alles mit Salz und Pfeffer ab. Füge nun das Gemüse hinzu und hebe alles unter.

5. Nun kannst du die Füllung über den Teig geben und mit dem geriebenen Käse bestreuen.

6. Backe die Quiche bei 200 Grad für etwa 30 Minuten im vorgeheizten Ofen, bis der Käse goldbraun und der Teig knusprig ist.

Quiche mit Ziegenkäse und Gemüse

6.11.19 ☺☺☺ sehr lecker

Zutaten für den Teig

- 250 Gramm Dinkelmehl
- 100 Gramm Butter, kalte Stückchen
- 1 Ei
- 2 EL Wasser, sehr kalt
- ½ TL Salz

Zutaten für den Belag

- 3 Eier
- 100 Gramm Schmand
- 100 Gramm Ziegenfrischkäse oder ein anderer Frischkäse
- 700 Gramm gemischtes Gemüse (zum Beispiel Möhren, Brokkoli, Zucchini oder Paprika)
- 2 EL Öl
- 2 bis 3 Knoblauchzehen, je nach Geschmack
- Salz, Pfeffer

Zubereitung

1. Gebe erst das Mehl in eine Schüssel und füge dann alle Zutaten für den Teig schnell hinzu. Zu einem glatten Teig verarbeiten, in Frischhaltefolie wickeln und rund 30 Minuten kalt stellen.

2. Bereite jetzt das Gemüse vor und schneide es je nach Wunsch in Stifte oder Würfel. Hacke oder presse die Knoblauchzehen und erhitze dann das Öl in einer Pfanne.

3. Dünste das Gemüse für einige Minuten in der Pfanne an und schmecke es mit Salz und Pfeffer ab.

4. Jetzt rollst du den Teig in einer Quicheform aus – achte unbedingt darauf, einen Teig hochzuziehen! Heize den Ofen auf 180 Grad vor und backe den Boden dann für 10 Minuten.

5. Verteile das Gemüse im Anschluss gleichmäßig auf dem Boden.

6. Verrühre nun den Frischkäse mit dem Schmand und rühre die Eier unter. Die Masse kommt nun auf die Quiche.

7. Die Quiche sollte bei gleicher Temperatur für etwa 35 bis 40 Minuten backen.

Pizza Grundrezept – Mit leckeren Belägen nach Wahl

Ergibt 2 Pizzen je 26 cm Durchmesser oder 1 Blech

Zutaten

- 1 Würfel frische Hefe oder 1 Päckchen Trockenhefe
- 250 Gramm Dinkelmehl
- 150 ml warmes Wasser
- 2 EL Olivenöl
- 1 TL Meersalz
- 1 TL Ahornsirup

Zubereitung

1. Löse die Hefe mit den Fingern im mit Ahornsirup vermischten Wasser auf.

2. Vermische dies nun mit den anderen Zutaten entweder mit einem Löffel oder mit Knethaken.

3. Lasse den Teig nun zugedeckt in einer Schüssel etwa 45 Minuten gehen, bis er sein Volumen verdoppelt hat.

4. Nun kannst du den Teig entweder in zwei Hälften teilen und ausrollen, für zwei runde Pizzen, oder für ein Blech den gesamten Teig zu einem Rechteck ausrollen.

5. Verteile nun die Soße auf dem Teig verteilen, mit Belägen deiner Wahl auslegen und mit Käse bestreuen. Vergiss nicht, die Pizza hinterher noch etwas mit Oregano zu bestreuen.

Vorschläge für den Belag

• Tomatensauce aus dem Glas, ungesüßt.

• Pilze

• Oliven

• Paprika

• Kirschtomaten

• Thunfisch

• Peperoni

• Zwiebeln

• Hühnerbrust, gebraten und in Scheiben geschnitten

Herzhafte Pizza Muffins mit vielen Variationen

Zutaten für das Grundrezept

- 200 Gramm Dinkelmehl
- ½ TL Backpulver
- 200 ml Milch
- 3 Eier
- 1 TL Meersalz
- 200 Gramm Käse, gerieben wie zum Beispiel Gouda
- ½ TL Knoblauchpulver
- Oregano zum Garnieren

Zusätze nach eigenem Geschmack

- 100 Gramm gewürfelte Champignons
- 100 Gramm Schinkenwürfel
- ½ gewürfelte Paprika
- Oliven

Zubereitung

1. Verquirle die Eier mit der Milch zu einer Schaummasse.

2. Vermische alle trockenen Zutaten gut miteinander und gieße die Milchmasse darüber. Verrühre alles gut zu einem glatten Teig.

3. Füge nun deine Zusätze hinzu und hebe alles gut unter.

4. Fülle die Muffins in ein mit Förmchen ausgelegtes Muffinblech und bestreue Sie mit dem geriebenen Käse.

5. Bei 180 Grad im vorgeheizten Ofen etwa 30 Minuten backen.

Deftige Gemüsemuffins

Ergibt 12 Muffins

Zutaten

- 300 Gramm Dinkelmehl, Vollkorn
- 250 ml Milch
- 80 Gramm Butter, flüssig
- 2 Eier
- 2,5 TL Backpulver
- 1 TL Salz
- Jeweils 40 Gramm Mais oder Erbsen, TK oder aus der Dose
- ½ bis 1 Paprika
- 80 Gramm Feta oder anderer Käse nach Geschmack

Zubereitung

1. Schneide die Paprika und den Käse in feine Würfel oder bröckle den Käse in Krümel. Lasse Erbsen und Mais auftauen oder spüle sie ab.

2. Alle Zutaten bis auf Gemüse und Käse in einer Schüssel verrühren – dann Gemüse und Käse einmal kurz unter den Teig heben.

3. Teig in Muffinförmchen füllen und etwa 25 bis 30 Minuten bei 190 Grad im vorgeheizten Ofen backen.

Tipp

Hier kannst du einfach das Gemüse deiner Wahl nutzen – die Muffins sind ideal zum Mitnehmen und zum Vorbereiten.

Traditioneller Flammkuchen ohne Hefeteig

Zutaten für den Teig

- 200 Gramm Vollkornmehl oder Dinkelmehl
- 100 ml Wasser
- 1 EL Sonnenblumenöl oder anderes Pflanzenöl
- 1 TL Salz

Zutaten für den Belag

- 200 Gramm Saure Sahne
- 1 rote Zwiebel, groß
- 125 Gramm Schinken oder Speck
- ½ Bund Frühlingszwiebeln
- Pfeffer und Kräutersalz

Zubereitung

1. Verknete alle Zutaten für den Teig gründlich und lasse diesen dann abgedeckt für 30 Minuten stehen.

2. Schneide jetzt die Zwiebel in feine Ringe, die Frühlingszwiebeln in Scheiben und den Schinken oder Speck in kleine Würfel.

3. Verrühre die Saure Sahne mit Pfeffer und Kräutersalz nach Geschmack. Rolle den Teig auf einem mit Backpapier ausgelegten Backblech zu Flammkuchen in der gewünschten Größe aus. Bestreiche diese mit der Sauren Sahne und verteile Zwiebeln und Schinken oder Speck darauf.

4. Bei 200 Grad im vorgeheizten Ofen für etwa 15 bis 20 Minuten backen.

Tipp

Sei bei dem Belag ruhig kreativ und nutze deine Lieblingszutaten. Mit Fleisch, ohne Fleisch – hier ist alles möglich und das klassische Rezept ist vielseitig einsetzbar.

Bunter Gemüsekuchen in der Kastenform

Zutaten für den Teig

- 4 Eier
- 250 Gramm Dinkelmehl oder Vollkornmehl
- 200 ml Olivenöl oder Sonnenblumenöl
- 1 Packung Backpulver
- ½ TL Salz

Weitere Zutaten

- 1 Paprika
- 1 Zwiebel
- 200 Gramm Zucchini
- 150 Gramm Aubergine
- 100 Gramm Oliven, grün oder schwarz
- 1 bis 2 Knoblauchzehen nach Geschmack
- 2 EL Öl
- Italienische Kräuter oder andere gemischte Kräuter, Salz

Zubereitung

1. Schneide das gesamte Gemüse in kleine Würfel, die Oliven in Hälften und hacke die Zwiebel und den Knoblauch.

2. Erhitze die beiden Esslöffel Öl der weiteren Zutaten in einer Pfanne und brate darin erst Zwiebeln und Knoblauch an. Dann kommt das gesamte Gemüse hinzu und alles wird für rund 5 Minuten gedünstet. Nach Geschmack würzen und die Kräuter hinzufügen. Eventuell auch etwas stärker würzen.

3. Jetzt geht es an den Teig. Dafür schlägst du die Eier erst einmal mit dem Öl in einer Schüssel schaumig und hebst dann Mehl, Salz und Backpulver unter.

4. Hebe die gesamte Gemüsepfanne unter den Teig und fülle diesen in eine eingefettete Kastenbackform. Backe den Gemüsekuchen für etwa 50 Minuten im vorgeheizten Ofen bei 180 Grad.

5. Lasse ihn erst auskühlen und schneide ihn dann in Stücke der gewünschten Dicke.

Tipp

Friere doch einzelne Scheiben für später ein – dann hast du bei Bedarf einen herzhaften Snack!

Herzhafte Windbeutel mit Frischkäse-Füllung

Ergibt etwa 40 kleine Windbeutel

Zutaten für den Windbeutel-Teig

- 50 Gramm Butter
- 250 ml Wasser
- 150 Gramm Mehl
- 4 Eier
- 1 TL Salz
- 2 Messerspitzen Backpulver

Zutaten für die Füllung

- 600 Gramm Frischkäse, zuckerfrei, nach Geschmack verschiedene Sorten
- ½ Paprika, fein gewürfelt
- Etwas Schnittlauch, in Röllchen

Zubereitung

1. Für die Windbeutel ist es zuerst wichtig, den Brandteig zuzubereiten. Das klingt erst einmal schwieriger als es ist: Gebe das Wasser mit der Butter und dem Salz in einen Topf und lasse alles aufkochen.

2. Dann kommt das gesamte Mehl in einem Schlag mit in die Masse. Rühre jetzt mit einem Holzlöffel so lange, bis ein großer Teigkloß entstanden ist. Auf dem Topfboden muss eine weiße Schicht entstehen. Warte etwa eine Minute und nehme den Topf dann vom Herd.

3. Jetzt soll der Teig abkühlen. Verrühre in der Zwischenzeit die Eier und gebe sie dann nach und nach unter den Teig. Der Teig darf nicht zu flüssig werden – lasse im Zweifelsfall lieber ein wenig von den Eiern weg.

4. Rühre zum Abschluss das Backpulver unter und heize deinen Ofen auf 190 Grad vor. Fülle den Teig in eine Spritztube und gebe mit ausreichend Abstand zueinander Klekse auf ein mit Backpapier ausgelegtes Backblech.

5. Backe die Windbeutel nun für 20 Minuten im Ofen und öffne dabei auf keinen Fall die Türe – ähnlich wie bei einem Käsekuchen.

6. Schneide danach mit einem scharfen Messer immer einen Deckel bei den noch heißen Windbeuteln ab und fülle diese mit der Spritztube mit dem Frischkäse. Mit Paprikawürfeln und Schnittlauch verzieren.

Tipp

Du kannst den Frischkäse auch vorher beliebig abschmecken und könntest auch die Windbeutel mit verschiedenen Geschmacksrichtungen füllen. Einmal gefüllt halten sich die Windbeutel aber nicht mehr so lange. Fülle diese daher nur dann, wenn du sie auch bald essen oder servieren möchtest.

Deftige Plätzchen mit Käse

Für rund 70 Plätzchen

Zutaten

- 125 Gramm Butter, weich
- 250 Gramm Dinkel- oder Vollkornmehl
- 100 Gramm Sahne
- 100 Gramm Käse, gerieben
- 1 Ei
- 1 Eigelb
- 1 TL Backpulver
- 1 bis 2 TL Salz, je nach Geschmack
- Gewürze oder Samen zum Verzieren wie Mohn, Sesam, Pfeffer, Paprikapulver

Zubereitung

1. Verrühre erst die Butter mit dem Ei und der Sahne.

2. Gebe nun Mehl, geriebenen Käse, Backpulver und Salz dazu. Verarbeite alles zu einem glatten Teig und würze diesen je nach Geschmack etwas stärker.

3. Stelle den Teig für eine halbe Stunde in den Kühlschrank und rolle ihn danach etwas dicker aus. Steche nach belieben Formen aus und lege die Plätzchen auf ein mit Backpapier ausgelegtes Backblech.

4. Bestreiche die Plätzchen mit dem Eigelb und bestreue sie nach Geschmack mit der Verzierung wie Mohn und ähnliches.

5. Backe die deftigen Plätzchen dann bei 180 Grad für 12 bis 15 Minuten. Sie sollen am Ende goldgelb sein und erinnern geschmacklich an Cracker.

Extra: Zuckerfrei und auch noch vegan?

Cookie Dough Kuchen

Zutaten

• 240 Gramm Kichererbsen, Dose oder Glas

• 125 ml Pflanzenmilch wie Hafermilch oder Mandelmilch nach Wahl, ungesüßt

• 175 Gramm Erdnussmus

• 2 EL Ahornsirup

• 70 Gramm Kokosblütenzucker

• 75 Gramm Kokosmehl

• 2 EL Leinmehl

• Etwas Vanille (optional)

• 100 Gramm Schokotropfen, zuckerfrei und Zartbitter

• 150 Gramm Schokolade, zuckerfrei und Zartbitter

Zubereitung

1. Spüle die Kichererbsen gründlich ab und püriere diese dann mit der Pflanzenmilch in einem Mixer.

2. Gebe nun alle anderen Zutaten bis auf die Schokolade dazu und vermische den Teig gründlich. Hebe die Schokotropfen unter.

3. Forme den so entstandenen Cookie Dough in die gewünschte Form wie einen Kuchen.

4. Jetzt schmilzt du die Schokolade im Wasserbad und wälzt den kompletten Kuchen darin. Lasse den Guss im Kühlschrank fest werden und schneide den Cookie Dough Kuchen erst im Anschluss in Scheiben.

Tipp

Die Kuvertüre aus Schokolade ist optional, verleiht dem rohen Keksteig aber eine besondere Note. Du kannst den Teig übrigens zu jeder gewünschten Form formen und je nach Wunsch auch mit Ausstechförmchen arbeiten.

Veganer Fruchtkuchen ohne Mehl

Für eine Springform a 18 cm

Zutaten

- 270 Gramm Kichererbsen, Dose oder Glas
- 100 Gramm Datteln
- 100 ml Hafermilch
- 50 Gramm Haferflocken
- 50 Gramm Kokosblütenzucker
- 60 Gramm Apfelmus, zuckerfrei
- 2 EL Kokosöl, flüssig
- 1,5 TL Backpulver
- 1 Prise Salz
- Beerenmischung für den Belag

Zubereitung

1. Spüle die Kichererbsen ab und verarbeite dann alle Zutaten bis auf die Beeren in einer Küchenmaschine zu einem gleichmäßigen Teig.

2. Fette die Springform ein, fülle den Teig hinein und backe diesen bei 175 Grad für etwa 20 bis 30 Minuten. Er soll weich, jedoch nicht mehr roh sein.

3. Belege den Kuchen mit der Beerenmischung und streue eventuell noch ein wenig Kokosblütenzucker darüber. Dann sollte der Kuchen über Nacht vor dem Verzehr im Kühlschrank gut durchziehen.

Cashew-Kuchen mit Karamell aus Datteln

Für 20 kleine Stücke

Zutaten

- 240 Gramm Datteln
- 200 Cashewnüsse
- 50 Gramm Ahornsirup
- 30 Gramm Kakaobutter
- 20 Gramm Mandelmus, weiß
- 10 Gramm Kakaopulver, zuckerfrei
- 2 Prisen Salz
- 2 TL gemahlene Vanille
- Einige Bananenchips für die Dekoration

Zubereitung

1. Mahle erst die Cashewnüsse in einer Küchenmaschine zu einem feinen Mus und gebe 30 Gramm Ahornsirup, einer Prise Salz und einem Teelöffel Vanille dazu.

2. Verarbeite die Masse mit den Händen zu einem Teig und gebe die Masse in eine mit Backpapier ausgelegte Form. Sehr gut klappt das mit einer quadratischen oder rechteckigen Form.

3. Nun geht es an die Füllung oder die Herstellung der Dattelcreme: Weiche die Datteln kurz mit etwas heißem Wasser ein. Schütte dieses dann weg und püriere die Datteln. Streiche die Creme auf den nun festen Cashewboden.

4. Schmelze die Kakaobutter im Wasserbad und gebe die restliche Vanille und das restliche Ahornsirup genau wie das Mandelmus und Kakaopulver sowie einer Prise Salz dazu. Alles gut mischen und über die Dattelcreme gießen.

5. Verteile Bananenchips in kleinen Stückchen auf dem noch flüssigen Guss und stelle den Kuchen für eine Stunde kalt. Im Anschluss kannst du ihn in kleine Stücke schneiden und erhältst eine Art gesunde Pralinen.

Käse-Mohn-Kuchen mit Seidentofu

Für eine Springform a 20 cm

Zutaten für den Boden

- 180 Gramm Haferflocken, zart
- 130 Gramm Kokosraspeln
- 1 große Banane, reif
- 90 Gramm Ahornsirup

Zutaten für die Mohncreme

- 160 ml Kokosmilch
- 100 Gramm Mohn, gemahlen
- 30 Gramm Kokosblütenzucker
- ½ EL Johannisbrotkernmehl

Zutaten für die Käseschicht

- 700 Gramm Seidentofu
- 80 Gramm Kokoscreme
- 100 Gramm Cashewnüsse, eingeweicht

- 100 Gramm Ahornsirup
- 3 EL Zitronensaft, frisch gepresst
- 40 Gramm Johannisbrotkernmehl oder Speisestärke
- 1 TL Vanille, gemahlen

Zubereitung

1. Mahle für den Boden erst Haferflocken und dann die Kokosraspeln sehr fein. Gebe die anderen Zutaten für den Boden hinzu und mixe gründlich, bis ein Teig entsteht.

2. Gebe den Teig in die Springform und ziehe auch einen Rand an den Seiten hoch. Stelle die Form erst einmal in den Gefrierschrank.

3. Gebe jetzt die Zutaten für die Mohncreme zusammen in einen Topf und bringe alles unter Rühren zum Kochen. Warte, bis die Mischung andickt, und nehme den Topf dann vom Herd. Lasse die Creme etwas auskühlen und verteile sie dann auf dem Boden. Jetzt kommt alles wieder in den Gefrierschrank.

4. Damit die Käsekuchenschicht gelingt, gibst du alle Zutaten dafür in einen Mixer und mixt

sehr gründlich durch. Es soll eine einheitliche Masse entstehen, die dann auf die Mohnschicht gegossen wird.

5.Backe den Kuchen jetzt bei 175 Grad für 60 bis 70 Minuten. Es ist normal, dass der Kuchen dann noch leicht flüssig in der Mitte ist – stelle ihn im Anschluss noch für etwa eine Stunde in das Gefrierfach, damit die Käsemasse fest wird.

Tipp

Zu aufwendig? Dann lasse doch einfach die Mohnschicht weg – der Kuchen schmeckt auch ohne sehr gut!

Schneller Tassenkuchen mit Schokolade

Zutaten

- 1 Ei
- 1 EL Kokosblütenzucker
- 2 EL neutrales Pflanzenöl wie Sonnenblumenöl
- 1 EL Kakaopulver, zuckerfrei
- 1 TL Backpulver
- 1 EL Mandelmehl
- 1 Handvoll Blaubeeren oder andere Beeren

Zubereitung

1. Verquirle das Ei erst mit dem Öl und dem Kokosblütenzucker. Dann kommen alle weiteren Zutaten bis auf die Blaubeeren hinzu. Sobald ein homogener Teig vorhanden ist, hebst du die Blaubeeren unter.

2. Backe den Tassenkuchen für 2 bis 3 Minuten in der Mikrowelle.

Schokoladenmuffins ohne Mehl

Zutaten

- 150 Gramm Datteln
- 200 Gramm Mandeln, gemahlen
- 1 Banane, sehr reif
- 100 ml Mandelmilch, ungesüßt
- 3 EL Kakaopulver, zuckerfrei
- 1 EL Chiasamen
- 2 TL Backpulver
- 1 Prise Salz

Zubereitung

1. Weiche die Datteln für 30 Minuten in heißem Wasser ein und gieße das Wasser dann ab.

2. Jetzt pürierst du erst die Banane mit den Datteln in einem Mixer und gibst dann alle anderen Zutaten hinzu.

3. Fülle den Teig in Muffinförmchen aus Silikon oder fette Förmchen aus Papier noch leicht ein.

4. Im vorgeheizten Backofen bei 180 Grad für etwa 20 Minuten backen. Danach nach Wunsch noch glasieren und verzieren.

Tipp

Du möchtest die Muffins mit einer Glasur versehen? Dann mische einfach jeweils einen Esslöffel flüssiges Kokosöl, Ahornsirup und Kakaopulver miteinander und verteile es als Glasur auf den Muffins.

Fazit

Im ersten Moment klingt es sicherlich nicht so einfach, ganz ohne Haushaltszucker zu Backen. Schließlich beinhalten die klassischen Backrezepte doch normalen weißen oder braunen Zucker. Es geht aber auch anders und Datteln, Bananen, Kokosblütenzucker und Ahornsirup stellen sehr gute und interessante Süßungsmittel dar. Wenn du darauf achtest, nicht nur auf den Zucker, sondern auch auf Agavendicksaft, Stevia, Süßstoffe und Honig zu verzichten, bleibt dein Blutzuckerspiegel auch sehr viel konstanter.

Weniger Heißhunger und geringere Effekte in Form von Müdigkeit und fehlender Energie sind dann die Folge. Nach und nach kannst du deine klassischen Backrezepte in gesunde Optionen umwandeln. Oder du versuchst dich an den zahlreichen Ideen aus diesem Buch, die garantiert der ganzen Familie genau wie den Freunden schmecken. Das ganze Jahr über kannst du gesund süß und herzhaft backen und tust deiner Gesundheit mit den leckeren Ideen noch etwas gutes. Viel Spaß beim Ausprobieren und beim Start in ein zuckerfreies, gesundes Leben!

Buchempfehlungen

Zuckerfrei für Berufstätige

Zuckerfreie Ernährung für Kinder

Buddha Bowls

Ketogene Diät für Veganer

Bento Box

BENTO BOX
JEDEN TAG GESUNDE UND KREATIVE MAHLZEITEN ZUM MITNEHMEN IN EINER AUßERGEWÖHNLICHEN LUNCHBOX
MERLE FRIESMAN

Haftungsausschluss

Die Verwendung der Informationen in diesem Buch und die Umsetzung derselben erfolgt ausdrücklich auf eigenes Risiko. Der Autor kann für etwaige Unfälle und Schäden jeder Art, die sich bei der Zubereitung der Speisen ergeben, aus keinerlei Rechtsgrund die Haftung übernehmen. Haftungsansprüche gegen den Autor für Schäden jeglicher Art, die durch die Nutzung der Informationen in diesem Buch, bzw. durch die Nutzung fehlerhafter und/ oder unvollständiger Informationen verursacht wurden, sind ausgeschlossen. Folglich sind auch Rechts- und Schadenersatzansprüche ausgeschlossen. Der Inhalt dieses Werkes wurde mit größter Sorgfalt erstellt und überprüft. Der Autor übernimmt keine Gewähr und Haftung für die Aktualität, Korrektheit, Vollständigkeit und Qualität der bereitgestellten Informationen. Druckfehler können nicht vollständig ausgeschlossen werden. Weiterhin beruht der Inhalt dieses Werkes auf persönlichen Erfahrungen und

Meinungen des Autors. Der Inhalt darf nicht mit medizinischer Hilfe verwechselt werden. Unser Buch enthält Links zu externen Webseiten Dritter, auf deren Inhalte wir keinen Einfluss haben. Deshalb können wir für diese fremden Inhalte auch keine Haftung/ Gewähr übernehmen. Für die jeweiligen Inhalte der verlinkten Seiten ist der jeweilige Anbieter oder Betreiber der Seiten verantwortlich. Die Adressen können im Laufe der Zeit vereinzelt ungültig werden bzw. kann sich der Inhalt ändern.

Impressum

Mario Baumann

Kontakt

Maximilian Klein

Goldammerstr. 18

12351 Berlin, Deutschland

48934912R00098

Printed in Poland
by Amazon Fulfillment
Poland Sp. z o.o., Wrocław